学思践悟 奋发有为：
思想道德与法治实践教程

主　编　马建青　孙叶飞

副主编　吴萍鲜　刘　莉

编　委　黄　芳　俞　跃　陈晶莹　彭红胜

中国出版集团
中国民主法制出版社

全国百佳图书
出版单位

图书在版编目（CIP）数据

学思践悟　奋发有为：思想道德与法治实践教程/
马建青，孙叶飞主编 . —北京：中国民主法制出版社，
2021.12

ISBN 978-7-5162-2718-3

Ⅰ . ①学… 　Ⅱ . ①马… ②孙… 　Ⅲ . ①大学生 – 思想
政治教育 – 中国 – 高等学校 – 教材　Ⅳ . ① G641

中国版本图书馆 CIP 数据核字（2021）第 249964 号

图书出品人：刘海涛
出 版 统 筹：石　松
责 任 编 辑：张　婷　高文鹏

书　　　名 / 学思践悟　奋发有为：思想道德与法治实践教程
作　　　者 / 马建青　孙叶飞　主编

出版 · 发行 / 中国民主法制出版社
地址 / 北京市丰台区右安门外玉林里 7 号（100069）
电话 /（010）63055259（总编室）　63058068　63057714（营销中心）
传真 /（010）63055259
http：// www.npcpub.com
E–mail：mzfz@npcpub.com
经销 / 新华书店
开本 / 16 开　787 毫米 ×1092 毫米
印张 / 13　字数 / 257 千字
版本 / 2022 年 1 月第 1 版　2022 年 1 月第 1 次印刷
印刷 / 北京荣玉印刷有限公司

书号 / ISBN 978-7-5162-2718-3
定价 / 43.00 元
出版声明 / 版权所有，侵权必究。

前　言

　　思想政治理论课作为高校落实立德树人目标的关键课程，必须始终坚持理论与实践相统一。实践教学是加强和改进思想政治理论课实效性的重要途径。2018年教育部印发的《新时代高校思想政治理论课教学工作基本要求》和2021年教育部印发的《高等学校思想政治理论课建设标准（2021年本）》中，均要求高校将思想政治理论课实践教学纳入教学计划。2021年3月，全国两会期间，习近平总书记强调"思政课不仅应该在课堂上讲，也应该在社会生活中来讲"，提出时代大课、理论大课、实践大课的"大思政课"命题。为贯彻习近平总书记的重要讲话精神，落实中宣部、教育部文件精神，我们基于多年的教学研究和实践，继2016年编写《勤学修德 明辨笃实——〈思想道德修养与法律基础〉辅学指南》之后，再次组织力量，根据2021年最新版《思想道德与法治》教材编写了《学思践悟 奋发有为：思想道德与法治实践教程》一书。

　　"学思践悟""奋发有为"是习近平总书记于2020年给复旦大学《共产党宣言》展示馆党员志愿服务队全体队员回信时对广大青年提出的殷切期望，也是"思想道德与法治"课程育人的应有之意。因此，我们选择这八个字作为书名，并把它作为贯穿全书的指导思想。

　　本书根据教育部统编教材《思想道德与法治（2021年版）》的框架和内容编写，把"四史"融入其中，特别突显伟大的建党精神，注重思政课大中小一体化理念的落地。

　　全书包括绪论和六章内容，每章包含了"实践导学""实践教学设计""知识回顾与应用"三大栏目。

　　"实践导学"栏目注重帮助学生理解由中学到大学过渡时知行要

求的变化，并以思维导图的方式直观展现知行转化的路径。

"实践教学设计"栏目包含了"实践教学目标""实践方式推荐""实践设计精选"以及"实践成果范例"或"实践教学素材"。实践教学设计充分考虑思政理论课的实践与其他实践方式的区别，每一章推荐5种相关实践教学方式，并选择其中一种典型实践教学活动，进行详细的教学方案设计，使师生手握本书即可了解实践教学全过程以及各项评价标准。"实践成果范例"或"实践教学素材"既可以是实践教学的范例或素材，也可以是老师理论授课的案例参考。

"知识回顾与应用"栏目是在经过实践之后重新再回顾理论知识，旨在通过实践与理论学习的双向促进，推动学生知与行的合一。

我们希望通过本书，能够为不断提升思政课教学实效性提供绵薄之力。

编　者

目　录

第二章 ▎ 追求远大理想　坚定崇高信念

第三章 ▎ 继承优良传统　弘扬中国精神

第六章 ┃ 学习法治思想　提升法治素养

附录一 ┃ 全国爱国主义教育示范基地（截至 2021 年）

附录二 ┃ 实践教学评分标准构成

绪论

担当复兴大任
成就时代新人

00

第一节　实践导学

一、实践导言

时间之河川流不息，时代大潮滚滚向前。大家经过 12 年中小学学习，走过高考，终于踏入大学，来到了人生的新起点。或许，小时候的你听过很多红色故事，在初中时期对道德与法治有过基本了解，在高中时期接触了很多与思想政治方面相关的名词，背过很多概念，相信大家已经对道德情感、思想基础和政治素养有了基本了解。那么，到了大学，为什么还要上思政课，还要继续学习和实践呢？

在水稻的生长过程中，有一个关键的拔节孕穗期，是水稻进入快速成长、结出累累穗谷的时期。这个时期是水稻一生中对温度和水分最敏感的时期，需要特别精心照料。大学生这个年龄段正处于人生的"拔节孕穗期"，有基本的自我和社会认知，而世界观、人生观、价值观尚未完全成型，对自我和外界都很敏感。希望大家可以通过思政课的思想和价值引领以及和同学们的共同探索，涵养思想、提升境界，听到自己节节拔高的声音，收获穗穗充盈的喜悦。

其实，知识的积累和思想道德的提升是由感性认识到理性认识的循序渐进、周而复始，需要知、情、意、信、行的统一，最后指向知行合一的过程。以大家在高中的思想政治课学习为例，高中政治课主要是讲解经济、政治、文化以及生活中的哲学、法律常识等思想政治基础性理论知识。当然，高考要考政治的同学肯定还学习了国家和国际组织等内容。总体而言，高中的政治课学习主要以记忆知识、提高基本认识和初步实践为主，而大学是大家向社会过渡的桥梁，如果说中学的时候需要大家埋头苦读，到了大学，则更需要站起来四处看看。

大学的思政课会在大家以往学习的基础上加强系统理论深度，同时更加注重大家在能力、意识、素养等方面的提升。所以，大学的思政课除了学习理论之外还需要深入实践，理论与实践的双向促进和循环，使大家能进一步了解当代青年的历史使命，从而积极将自己的青春融入时代发展的大潮中，朝着知行合一的方向去成就越来越好的自己。

2021 年是中国共产党成立一百周年。翻开党的百年史籍，字里行间透露出无数中华儿女的远大志向。李大钊终身致力于"谋国计民生之安康与进步"，毛泽东在青年时期便怀揣"蔚其躬而有益于国与群"的伟大抱负，周恩来于求学中立志"为中华之崛起而读书"，邓小平赴欧洲留学时就明确表示"更坚决地把我的身子交给我们的党"。在民族危亡的关键时刻，在改革发展的重要关头，正是因为无数中华儿女胸怀矢志报国的理想信念，才谱写了彪炳史册的时代传奇。而在新时代，关山飞渡的新征程更需要我们立志高远，将个人命运与国家命运紧密联系，在为祖国不懈奋斗中实现人生价值和理想。2021年，随着神舟十二号顺利升空，航天员聂海胜第三次出征太空，聂海胜曾说："24年间，3次飞天，平均相隔约8年。我的每一小步，都幸运地走在中国航天的一大步里。这份荣耀，一生自豪！"正因为有这样一代又一代的年轻人自我砥砺、胸怀天下，我们才有了从播下革命火种的小小红船到领航复兴伟业的巍巍巨轮。2021年7月1日，在庆祝中国共产党成立100周年大会上，习近平总书记说："我们实现了第一个百年奋斗目标，在中华大地上全面建成了小康社会，历史性地解决了绝对贫困问题，正在意气风发向着全面建成社会主义现代化强国的第二个百年奋斗目标迈进。"❶ 这几年，新时代的年轻人也逐渐接过了先辈手中的接力棒，沉稳应对疫情大考，见证了我国全面建成小康社会、"祝融"登陆火星求索天问、"蛟龙"下探深洋测绘海图……同学们，如今的你们是与新时代同向同行、共同前进的青年人，可谓生逢盛世、肩负重任。

同学们，即刻起，你们将踏上一段全新的旅程。扬帆之际，也许会有一些不安或迷惑，不妨静下心来回首看看一百年前热血的新青年们的觉醒，在实践中体会和感受时代的发展，整理自我成长的历程。以时代之名立志，以勤恳之态立学，以厚德之道立身，不负时代、不负韶华，用奋斗擦亮青春底色，在全面建成社会主义现代化强国的伟大征程中释放青春激情、追逐青春理想，成就更好的自己！

二、思维导图

在理论学习和思考的基础上，通过实践深入践行和领悟，促进知、情、意、信、行五者合一。本章具体内容的知行转化图如下所示。

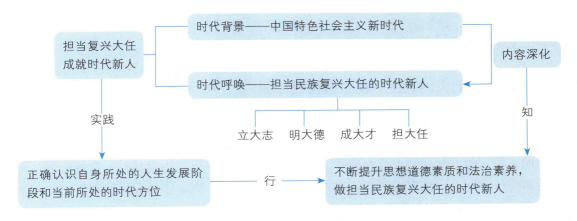

第二节 实践教学设计

一、实践教学目标

（一）知行转化目标

通过实践，促使学生更加深入理解中国特色社会主义新时代的时代特点，自觉从时代的角度出发进行人生规划，立大志、明大德、成大才、担大任，把青春融入时代发展的大潮中，主动承担实现中华民族伟大复兴的大任。

（二）能力培养目标

通过实践，培养学生的思辨能力、自我剖析能力，通过实训活动中与团队的分享、合作，培养人际交往能力、团队合作能力，加强自我认知。通过校园微录（vlog）❶或虚拟人生体验，提升适应能力，促进自身知、情、意、信、行的统一，最后指向知行合一。

（三）情感素养目标

通过实践，坚定学生对中国特色社会主义制度的自信，了解提升思想道德素质和法治素养的重要性，认识自己是与新时代同向同行、共同前进的一代，深刻体会自己生逢盛世又肩负重任的时代自豪感。

二、实践方式推荐

方式一："图"话人生"视"看世界

学生在教师的引导下，以团体游戏的方式开展实训活动，在认识自我成长的同时了解时代的发展变化，促进从中学生到大学生的过渡和转型，对自我有更加清晰的认知和正确的定位，做好时代新人成长成才的发展规划。然后，以"生逢其时 青春能量"为主题制作校园 vlog，结合新时代，讲述对想象中的大学、现实中的大学和理想中的大学的故事，并把对自己的认识、理解以及规划融入其中。

---

❶ vlog 是 videoweblog 或 videoblog 的简称，意思是视频记录、视频博客或视频网络日志，源于 blog 的变体，强调时效性。vlog 作者以影像代替文字或照片，上传到网络上与网友分享，属于博客的一类。

方式二：现场教学

为感受新时代的变化与魅力，组织学生到学校所在城市的爱国主义基地、新时代文明实践站、博物馆、各类新时代发展展览等地，进行实地参观和现场教学。（具体操作参见第三章的实践活动）

方式三：虚拟人生体验

有条件的高校可以开展"虚拟人生"的仿真体验。以新时代为大背景，以当代大学生为主角，通过各类具体案例的场景开展"虚拟人生"的体验，体验通过不同的场景遇见不同的人生选择，做出不同选择后指向不同的人生发展，其中蕴含着对当今时代的认知、人生观、理想信念、中国精神、道德与法治等内容。通过体验"虚拟人生"，提升思想道德修养和法治素养。

方式四：社会调查

以了解当前大学生在新时代的使命认知程度为主题展开调查。（具体操作参见第一章的实践活动）

方式五：人物访谈

大学生活怎么样？学长学姐们是怎么适应大学生活的？选择合适的对象，拟定主题，对学长、学姐进行访谈。（具体操作参见第二章的实践活动）

三、实践设计精选——"图"话人生"视"看世界

（一）实践活动基本流程

1. 课内实训——"图"话人生

（1）教师引导分组，组内同学相互熟悉，制定小组契约。

（2）在教师的引导下绘制生命成长线。每位同学结合时代发展和自我成长历程的双线回顾，从时代发展和自我成长双角度认识自己。结合中国特色社会主义新时代的特点，从时代大处入手、个人小处着眼，展望未来发展方向。以成长线的方式进行描绘。

（3）组内分享生命成长线，相互解读，同时提醒要尊重小组契约。

（4）全班分享绘制感受，教师总结，深刻体会自己生逢盛世又肩负重任，要提升思想道德和法治素养。最后以歌曲结尾。

2. 课外实践——"视"看世界

在课内实训基础上，结合新时代的特点，以"生逢其时　青春能量"为主题，通过小组合作，用 vlog 记录初入大学的生活，呈现"我与新时代"的故事。

（二）实践过程详解

1. 课内实训："图"话人生——生命成长线绘制

（1）教师引导建立小组契约。

全班分成若干小组后，教师请每个小组进行头脑风暴，讨论如果要确保大家合作愉快、团体活动顺利开展，应该相互遵守怎样的约定。教师归纳总结每个小组的契约条文，汇总后，写在显眼的地方。比如，尊重接纳、开放心态、专注投入、手机静音、相互之间不指责等，制定完后，宣读一遍，要求全体成员遵守。

注意：分组之后建立团队契约是为了促进大学生契约意识和团队意识的建立，需要集体商量，教师引导，这是作为本课程绪论环节的实践，也是社会主义核心价值观的践行。

（2）生命成长线绘制。

①准备材料：一张 A4 白纸，3 种以上不同颜色的笔。

②教师引导（引导语参考）：

大家初入大学，或许刚刚认识了不少新同学。那么，大家有没有想过如何更好地认识自己呢？开始"生命成长线"的游戏。

准备一张 A4 纸，将纸横放。在纸的上半部分用黑色笔写下"×××的生命成长线"。

在纸的中部从左至右画一条长长的横线，然后给这条线的右端加上一个箭头，让它成为一条有方向的线。

请你在线条的左侧，写上"0"这个数字，在线条右侧、箭头旁边，写上你自己预计能活到的年龄。

请你按照你为自己规定的生命长度，找到你目前所在的那个点。

之后，在你的标志的左边（过去岁月）标出两块内容：一是用红色笔勾画你成长过程中值得记录的社会生活的变化，二是用蓝色笔撰写成长过程中对你有着重大影响的人或事（可以是好的事，也可以是不好的事）。在标注的时候，如果你觉得是好的变化或事件，就写在生命成长线具体年龄的上方；如果那件事或发生的社会变化给你带去了伤痛或打击，你就在生命成长线具体年龄下方把它记录下来。

完成了过去时，进入将来。

在坐标线上，把你觉得未来社会会发生的变化用红色笔写出来，同时把这一生想做的事都用蓝色笔标出来。

如果有可能的话，尽量把时间注明，根据你对它们评估的"好"以及期待程度，标在线的上方。当然，你在未来的生涯中还可能遇到挫折和困难，用笔将它们写在线的下方。

③自我审视：请用 5 分钟的时间细细品读你的生命成长线，尝试着将社会环境的变化和自我成长的过程相关联，并分析对自身影响深远、意义重大的事件或变化，感受自我的成长。

④成长分享：把自己在成长过程中愿意分享的部分与小组成员分享，彼此可以针对每个人的生命成长线中社会发展的部分进行补充、交流，一同勾画社会发展的变化及其对自身发展的影响。教师可以分别参加各小组的内部分享，并引导学生向内、向外同步看，把自我成长的历程和社会发展大环境结合起来分析，引导学生关注对未来发展的展望及其自身的机遇所在。最后，形成小组的生命成长线，全班分享。

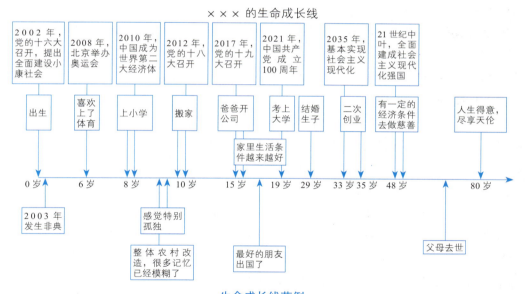

生命成长线范例

注意： "生命成长线"旨在引导同学在初入大学时，通过回顾过去，更好地认识自己，也更好地认识自己所处的时代，把自身的成长与时代的发展联系起来，初入大学阶段就可以去努力做好大学与人生的发展定位。

（3）课内实训小结。

①教师做好活动的小结，引导学生学会分析自己的生命成长线。如结合生命成长线体会：从自己走过的路可以总结出一些什么来？希望 2035 年的自己在哪里，做什么，是什么样的自己？2050 年的自己呢？如果要达到这些目标，当前的自己需要做些什

么？同时教师可以引导学生把自己的成长与社会的发展目标结合起来思考、规划。

②结合以上内容和自我分析，进行全班分享。

③教师布置个人成长职业规划作业：结合自己的生命成长线，利用一定的测试表工具（如价值观测试、性格类型测试、职业锚测试等），进行自我剖析，并分析自己的个性特点、兴趣爱好，同时结合自己的成长环境和时代发展，对自己未来的职业进行规划。

④小组内、师生间相互致谢，播放歌曲《我和2035有个约》，全场共唱，结束实训活动。

⑤结合实训活动，布置个人作业：撰写个人成长生涯规划书。

注意： 结束阶段只是此次实训活动的结束，而新阶段人生的实践才刚刚开场。教师在总结中要引导学生把眼光放长远，用生命的长度、宽度、厚度多方位引导学生做好人生的规划，并且布置实践的作业，多角度认识自我和时代发展，同时分析人生发展的评价不局限于单次活动的分数评价，引导同学在今后的学习和实践中不断成长，做好人生规划，让时代为自己打分。

2. 课外实践："视"看世界——"生逢其时 青春能量"校园 vlog 制作

在课内实训和理论学习的基础上，初步了解了自己成长发展的需求和新时代的特点。把初入大学的新鲜感与自我成长的需求，一起用校园 vlog 短视频的方式记录下来。

（1）校园 vlog 主题解析。

以"生逢其时 青春能量"为主题，视频不是简单的日常生活的记录，而是结合对时代的认知，去探索有意义的大学生活方式，体现当代年轻人"生逢其时、重任在肩"的特点。注意要体现主题和内涵，不要变成流水账。

（2）校园 vlog 拍摄构思。

小组集体商量主题，进行分段素材的脚本设计和构思，脚本无须太复杂，可以用简单的流程图示意。校园 vlog 的内容主要围绕校园可以记录到的事情，例如：上课、宿舍生活、学习、校园活动等。流程里可以简单记录时间、地点以及大致拍摄什么内容，内容上要注意解读青春与时代的关联，是伴着明亮而又柔软的灯光学习的夜，还是与三五好友共同去做一次志愿者，抑或是课后操场上挥斥方遒探讨人生……可以是风景、人物或故事，最后用四五段素材整合制作一个完整的 vlog。在设计的过程中小组内要对拍摄的角度、素材的内容和解说的文案进行讨论和准备，最后形成完整的 vlog 内容框架。

（3）制作校园 vlog。

用手机根据框架内容进行素材拍摄。拍摄过程中要注意不能偏离主题，可以用日常记录的方式，也可以用故事讲述的方式等，只要主题明确，素材表达方式不限。为增强 vlog 的可看性，可以添加背景音乐、字幕、转场、特效等，体现年轻人的特点。

（4）上传校园 vlog。

开设专门的视频号，定期进行 vlog 的更新，用年轻人自己的方式把大学生活记录、集结，同时进行青春能量的传递。可以在同学之间进行传播，课程可以根据传播量、点击量、点赞量、评论量等指标进行不同小组实践的评价参考。

（5）校园 vlog 注意事项。

①校园 vlog 的内容表达要新颖创新，体现青春年华独有的朝气和热情，充满着生机和活力，符合当代价值观，能够传递正能量。

②单个校园 vlog 视频时长范围 30 秒至 5 分钟为宜。

③为体现校园 vlog 实践的意义，脚本可以设计，但是内容要体现真实的生活，必须为原创，不能侵犯他人知识产权。

（6）校园 vlog 主题方向参考。

①后疫情时代青年的责任与担当。

②我和 100 年前的"00 后"对话。

③表白新时代。

④ ×××× 的 24 小时。

四、实践成果范例

下面是 2 份有关个人成长的职业生涯规划书以及校园 vlog 作品，可供参考。

（一）职业生涯规划书——《家庭教育的"护航人"》

该文为职业生涯大赛作品。规划人对自我的成长环境做了深入的分析，并利用量表对自己的性格有了较全面的认知，得出符合自身性格的理想职业领域。同时，对社会发展做出较好的认知，并把职业前景和社会价值相联系，具有较强的社会价值意义。最后，根据社会与自我的双重分析，做出详细有计划的发展规划，对现实具有很强的指导意义，是非常不错的一份指引自我成长方向的生涯规划书。

家庭教育的"护航人"

1. 自我认知

（1）我的成长故事。

回首自己的成长历程，我的家庭教育宛若镜中花、水中月，朦朦胧胧难以捉摸。现在想来，或许是自己早期家庭教育的先天不足，导致现在不够自信。一个童年有缺憾的人，希望可以不断去寻找童年。

萌芽：我出生在一座东南沿海重要的商贸城市。记得自我小学起，每每成绩稍有下降，就会招来一顿斥责。那些批评的言语，就像是冬日中的凛凛寒风，刺入骨髓。偶然间，诵读三字经时读到了"昔孟母，择邻处。子不学，断机杼"，心里就在想，如果我的父母也能这样对待我就好了。彼时，对积极的、尊重孩子的家庭教育的渴求就存在于我儿时懵懂的期望里。

生长：后来，在我上初中的时候，我们家多了一位新成员——我的弟弟，也是那时起，我隐隐约约地感觉到父母花在我身上的时间变少了，我就像是一颗路边的石子，淡出了父母的视线。从之前的动辄狂风骤雨的责骂到后来的无人问津，一种前所未有的恐惧笼罩着我，我渴望得到帮助，但却又孤立无援。无巧不成书，那时一篇《伤仲永》突然使我懵懂地悟出一个道理：良好的家庭教育很是重要。

成荫：高考结束后，我来到了这里——一座繁华又静美的城市。在大学校园中，怀着对知识的渴求和对未来的希冀，我积极参与各种校园活动、公益活动。

我做了志愿者，前往小学、幼儿园，与那里的孩子们生活在一起。在和孩子们嬉戏玩耍之中，仿佛回到了童年，看到了童年的自己。望着孩子们天真无邪的笑脸，我希望她们都能在父母的呵护下健康成长，不再像童年的我一样苦闷和无助，这也坚定了我做好家庭教育指引者的决心。学习之余，我还辅修了英语专业，阅读了许多西方家庭教育的英文原著，为我之后的职业打好理论基础。

我的成长经历让我深知好的家庭教育对一个儿童成长的重要性，我渴望成为一名家庭教育指导师，我希望帮助到更多曾像童年的我一样无助的孩子。

当下社会，家庭教育已经成为一个世界性的课题，然而在中国却仍然是很少有人触及的领域，我希望用自己的力量努力探索，回馈社会。

（2）工具测评及自我认知职业性格。

我的职业性格测试结果是：ESTJ 管家型——掌控当下，让各种事物有条不紊地进行。

与世界相互作用的方式	外向
获取信息的主要方式	感觉
决策方式	思考
做事方式	判断

职业性格测试结果分析：

我的职业性格测试结果是 ESTJ 型，ESTJ 型的人是典型的传统主义者，他们天生擅长从事管理类的工作，善于以最具效率的方式，从实际出发判断当前所处的状况，树立目标，调动可利用的资源、组织和管理相关人员，确保工作的顺利进行。从这个角度去管理好人际关系、协调家庭矛盾，也正是一个家庭教育指导师需要做到的。家庭教育指导师不仅要帮助儿童处理好家庭关系、心理关系，还需要成为校园教育、社会教育和家庭教育之间的纽带。根据敏锐的感觉去做出理性的思考和谨慎的判断，这样的性格也与这一份职业相匹配。

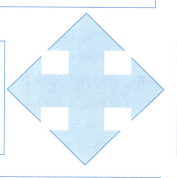

老师评价
优点：学习态度认真严谨，为人和善，热心助人
不足：乐于沟通，但表达能力有待加强

家人评价
优点：做事踏实负责，乐观开朗
不足：太专注自我目标

朋友评价
优点：自觉性高，做事认真，踏实努力，有目标，乐观向上
不足：偏执地坚持自己的观点

同学评价
优点：做事认真，踏实负责任，为人正直，有坚韧不拔的毅力，乐观开朗，积极
不足：参与的班级活动和学校活动少，有时候接触不多，和同学们缺乏足够的沟通

他人眼中的自己——360° 测评法

2. 职业认知

（1）整体就业趋势及行业现状。

家庭教育（亲子教育）已变成一个世界性的课题。相关调研表明，全球有近80%的家庭存在着不同程度的青少年心智障碍、逃课厌学、考试压力、亲子冲突、离家出走、网络成瘾、毒品滥用、自虐自杀、单亲（或隔代）教育、青少年犯罪等问题，亲子情感与行为的困惑日益严重，几十年甚至几百年的家庭教育观念和方式受到了严重挑战，甚至破坏了社会的安定。

在欧美发达国家，每300~500人就拥有一名家庭教育指导师。全美家庭教育机构有700多家，他们在20世纪60年代就形成了父母教育的理念，对父母自身教育的重视已经超过了对儿童的学前教育和学校教育。在我国，尽管近几年家庭教育已经受到关注，教育部门也频繁呼吁政府、社会、学校和家庭共同致力于推进家庭教育体系，但收效甚微。

为此，人力资源和社会保障部中国就业培训技术指导中心、中国青少年研究中心共同在全国范围内开展家庭教育指导师岗位培训工作。

其实，在家庭教育指导师这一职业未产生之前，已有不少人在积极从事家庭教育指导相关工作，其中既有老师、心理咨询师等专业从事教育的专家、人士，也有自身教育孩子有成果、有经验并愿意与别人分享的成功父母等。但家庭教育指导师不同于"家教人员"或"成功父母"，也不同于"心理咨询师"。中国青少年研究中心副主任孙云晓指出，"家教"实质上只重视教学，"成功父母"虽然有教育孩子的经验，但没有系统学习过家庭教育的有关理论，"心理咨询师"主要关注心理问题，而家庭教育指导师需要具有心理学、教育学、社会学等综合的理论素养和丰富的家庭教育实践指导经验。尽管需求很大，但按照中国人口的比例来算，在中国从事家庭教育指导工作的人并不多，而由于家庭教育问题将长期存在，因此该行业将会有不错的发展前景。

据权威机构预测，我国在今后的发展中至少需要 60 万名家庭教育指导专业人员，家庭教育咨询指导行业是我国新世纪极具发展潜力的热门行业之一，有着广阔的发展前景。

（2）家庭教育培训师就业途径。

在我国，家庭教育指导师按照教育的实施主体划分，主要存在三种形式：幼儿园家庭教育指导模式、中小学家庭教育指导模式、社区家庭教育指导模式。因此，家庭教育的就业途径有以下几种。

①自由家庭教育指导师：针对每个阶段孩子不同的特点，有的放矢地开通个人工作室，针对每一种不同类型的家庭提供不同的家庭教育指导意见。

②学校的咨询师：通过加入当前的公立学校家委会举办的家长课堂中，担任里面的主讲老师，定期为家长朋友们安排授课。

③网红 IP 指导师：通过当今的人工智能手段研发出家庭教育网络支持系统，利用该系统对情绪激动的父母们拉下冷静的开关，缓解家庭中的紧张氛围，促进全社会家庭教育水平的提升。同时可以利用软件、直播或者微课等网络形式进行在线授课和指导。

（3）目标城市区位分析（浙江宁波）。

从总体上看，宁波是浙江第二大城市，是世界第三大港口城市，经济发达且基础设施健全；同时，在《宁波市人民政府办公厅关于加快服务业提升发展的若干意见》中提到，围绕"名城名都"目标，大力发展社区服务业，多方式提供家庭用品配送、家庭教育等服务，这表明了宁波市改善家庭教育现状的决心。

宁波市人大常委会已将《宁波市家庭教育促进条例》列入 2016 年立法调研项目。

并且，宁波市家庭教育研训中心已经在宁波教育学院挂牌成立，"家庭教育"被正式纳入全市教师继续教育序列。但是仍有许多不足：家庭教育发展存在地区之间、城乡之间的不平衡性，家庭教育法制环境和物资保障不够扎实，因此亟待专业人士予以指导，所以这方面的需求较大。另外，学校所处的优越地理位置条件也为我提供了生活、工作上的便利，这些都成为我选择宁波作为目标城市的原因。

据统计，2016年宁波市全市有家长学校3581家，其中建在幼儿园998家、小学491家、中学250家、职业技术学校34家、社区455家、村1341家、企业12家。但懂得家庭教育指导的人才少之又少，所以可以预计今后很长一段时间内这一块的人才缺口依然会很大。

3. 职业决策

职业与自身素质的对比分析（职业决策符合外部环境和个人特质）

（1）两者匹配之处。

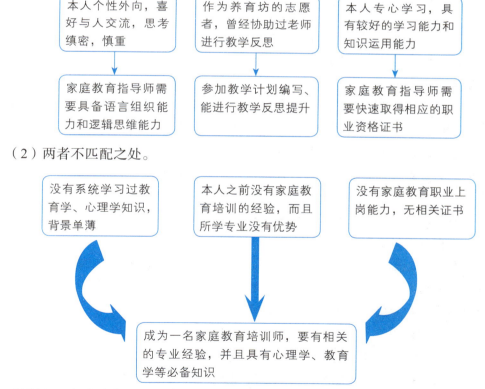

（2）两者不匹配之处。

根据以上职业兴趣、职业能力、自我认知、职业价值观的分析，以及对目标职业的整体认知，结合自身的优缺点、专业能力进行考虑，我当下有三种职业走向。为了更清楚地比较三种职业选择的利弊，我借助决策平衡单工具对可能从事的职业做了直观的分析，最终形成自己的职业决策：家庭教育指导师。

备选目标：

自己专业性不足，而家庭教育指导师最需要专业能力，这将导致实现我的职业目标仍有一定的难度。所以特此选了两个备选目标：青少年心理咨询师和儿童情商训练师，这两种职业是从孩子本身的角度设立的，为了改变孩子的做法从而达到家庭教育的优化，与家庭教育指导师的切入角度不同，但极为相似。所以同样可以实现自己的梦想。

4. 计划与路径

本科阶段→研究生→职业前期→职业后期

（1）本科阶段。

考取普通话二级甲等证书。

认真自学《家庭教育指导师培训教材》，学习掌握基本的教育理论和方法。

积极与从事家庭教育的老师进行沟通交流，从中学习并了解这个职业所要具备的素质。

努力考取心理或者教育相关专业的研究生，进一步提升自身的专业水平，提升自己教育学、应用心理学、社会学等理论知识的掌握程度。

（2）研究生阶段。

参加培训，并通过考核，得到人力资源和社会保障部中国就业培训技术指导中心颁发的《CETTIC中国家庭教育指导师职业培训（高级）证书》和中国青少年研究中心颁发的《中国家庭教育指导师培训（高级）证书》。

进入较好的教育咨询公司、管理咨询公司，成为一名实习员工来丰富自己的经验并提升能力。

成为青少年活动中心、妇女儿童服务机构、社区居委会等机构的志愿者，提高自己的能力，提升自己的见识和经历。

掌握心理学的知识，努力考取心理咨询师三级证书，并为达到心理咨询师二级而努力。

毕业争取成为大城市知名教育咨询公司的一名员工，丰富自己的见识面。

争取出国学习和考察，引进西方优秀的家庭教育思想和做法。

（3）职业生涯初期。

掌握大量专业知识，积极参加各类活动，争取可以解决大多数家庭的家庭教育问题，通过和家长及孩子的评测熟练找出家庭教育中的问题，并加以解决。

建立家庭教育的课堂，通过授课建立大部分人的家庭教育基础，跟踪指导解决家庭教育中的困惑。

提升自己的心理咨询技术与方法，并尝试去考取心理咨询师证书，来提升自己的能力。

（4）职业生涯中后期。

进一步发展成为知名教育咨询公司或者其他管理咨询公司的核心咨询师，从事家庭教育模式的开发工作。

对自身的职业生涯进行总结，反思自我，至少出一本有关家庭教育的专著，撰写专业书籍。

进行家庭教育的全国巡回主题讲座，普及科学的家庭教育理念和先进实用的家庭教育方法，促进青少年的健康成长及和谐家庭建设。

培训更多高素质的家庭教育咨询师，让更多对家庭教育感兴趣的人能近距离了解与接触。

5. 结语

北齐的颜之推在《颜氏家训》中强调："人生小幼，精神专利，长成已后，思虑散逸；固须早教，勿失机也。"习近平总书记也曾强调："我们都要重视家庭建设，注重家庭、注重家教、注重家风的问题。"由此可见，从古至今家庭教育都是一个长久不衰的话题。在今天，做好家庭教育对整个未来人力资源的提档升级都起着重要作用，我也会循着家庭教育的道路不懈努力……

——选自徐东升：家庭教育的"护航人"，浙江万里学院职业生涯大赛获奖作品，2018 年 9 月

（二）职业生涯规划书——《爱上电子创客　成就出彩人生》

该规划对自我的优势和劣势做了相对客观的认识和分析，并能从社会发展的视角结合家庭教育环境进行职业发展性分析，并冷静分析了有利和不利因素，认识全面而又现实。根据分析，得出通过 3 个阶段去实现自己人生的成长与发展，既从小处着眼，又从一生的大处展望自己出彩人生如何成就。虽然这是职高学生的人生成长规划，但对自我成长有很好的指导作用，相信对大学生特别是高职同学也会有一定的启发。

爱上电子创客　成就出彩人生

因为热爱电子制作，中职入学时我选择了电气专业。我的未来我做主——电子创客，把自己对电子制作的无限爱好与创新设想设计成各种创新产品，制作出能为人们生活、生产带来利益的创新科技电子作品，就是我喜欢的职业。分析现状，展望将来，我仿佛已经看到了职业生涯的辉煌。

1. 职业规划的背景分析

（1）我的优势。

我虽然出生在大山里，但是家底殷实，父亲经营着一家工厂，生产各种竹加工机

器。我从小伴随着各种机电设备一起长大，耳闻目睹机器设备的日益更新，也了解电子控制技术的强大力量，相比于制造机器，我对电子自动控制技术应用更感兴趣。从小时候自己动手搭建收音机玩，到初中时参加老师的电子制作兴趣小组，并参加各种比赛，直到现在正式选定了自己的专业，我的这颗热爱电子制作的心从来没有改变过。

我性格开朗，做事认真刻苦，在这个网络技术发达的时代，我充分利用网络资源了解到了很多电子制作新科技，也一直订阅电子制作类杂志，如《电子制作》《无线电》《青少年创新》等。到目前为止，我已经有了一定的专业经验积累，并且也有产品积累。

职高入学时，我选择了电气专业，这是我梦寐以求的专业。两年多的时间里，我学习了系统的电气专业知识，参加了学校电子制作兴趣小组，作品代表学校赴省市参加比赛，如猎鹰之爪自动手臂、数码相机原理演示仪等，都是我参与设计制作的电子控制创新作品，在省创新创业比赛中获奖。

（2）我的劣势。

就与时俱进的电子自动控制技术而言，我明白自己在专业知识方面还很欠缺，特别是电控高新技术。我知道，今后要努力学习，才能制作出科技含量高的电子作品。丰富知识体系、不断提升专业技能是我最需要努力的方向。

一个出彩的创客，需要有一颗能静下来的心。这对活泼好动的我来说，也许是个问题。在今后的创客之路上，一旦遇到困难，我能咬定青山不放松吗？当创业发展遇到瓶颈时，我还会坚持吗？这些都将是今后我的创客生涯中要遇到的严峻考验。

（3）机会因素。

国家大力推行大众创业、万众创新，并推出了很多鼓励青年自主创新创业的政策。

电气自动控制技术产品前景非常广阔，生产和生活中处处都可以看到电控产品，随着科技的进步，它们也在不断地更新。

电气制作是我的兴趣爱好，能从事一份与兴趣爱好一致的事业是人生的一件美事。至今，我已经制作了多件自己设计的电子作品，有些作品已经获得可观的经济效益，因此我有信心将创客之路坚持下去。

创客是自由职业，如今物流和互联网技术发达，信息的沟通、货物的采购和运输都很方便，因此创客社的运作会比较顺利。虽然技术要求比较高，但在今后的时间里我会不断学习，丰富自己，充实自己。

我的家庭经济条件不错，父母支持我创业，鼓励我努力奋斗，成就自己的事业。他们在经济上能给予我支持，使我有很好的条件投入初期运作。

（4）不利因素。

一名成功的创客，最大的成就是把自己的作品变成人们认可的商品。要把作品变成商品，不仅需要很高的实用价值，还需要经过流通、推广等许多环节。我有没有能力使自己的产品变成商品，通过竞争获得盈利呢？这是一个难题。

全世界有许多高科技电子公司，电子产品的竞争非常激烈，因此创客作品需要有独特的风格，作品有创新、有价值才能得到人们的认可。

创业初期会相当艰难，自己有没有足够的信心克服困难、坚持下去，也是一个问题。

2. 我的职业规划

第一阶段：学生时代。现在，我是一名职高电气专业学生，今年六月份我将参加高职考试，有机会在大学里继续电气专业的学习，同时坚持创客制作。在职高学习期间，电子创客制作是我课余最主要的爱好，把自己的创新思想通过作品来实现，是我最快乐的事情。我的作品，有的代表学校在省里获了奖，甚至还获得了奖金；有的变成了商品，获得了小额的利润，如快乐挥手灯和自动感应门工作原理模型，这两个小制作都被老师采纳并用于教学，还支付了我一定的报酬，使我感受到了通过创客制作获得成功的喜悦。

值得一提的是，抓住这次浙江省高考改革的机会，我们为普高"技术课程"中的《电子技术》教材设计制作了配套的操作套件，该电子操作套件深受技术老师和学生的喜爱，大家争相购买。为此，我还专门开设了一个淘宝店出售该产品，从去年四月份开始到现在已经有了可观的盈利。

将来在大学里会有更加广阔的天地和更多的机会，我决心不忘初心，勤奋努力，创作出更多作品。

第二阶段：毕业五年计划。毕业后的第一个五年是我事业发展最为关键的时期，也可能是最为艰难的时期。由于缺乏社会经验，创客作品转化为商品的流通手段、途径和技术瓶颈问题，还有资金问题，等等，这些都将是这五年不可避免会遇到的困难。我相信自己能有坚强的斗志克服困难，五年内使自己事业有成。

第一个五年里，主要实现以下目标。

（1）争取能有一个制作经营的固定场所，从小作坊制作开始，慢慢地积累资金，成立创客社，打造知名度。

（2）创客社将设计制造各种新颖的电子产品，或根据客户需要量身定做产品，通过流通使其变成商品获得利润，五年内实现利润递增。五年后的电子创客社应该是一个具有一定技术力量和经济实力的实体单位。

（3）这期间要学会业务的经营与管理，虽然自己是个电子制作爱好者，但是要把它变成谋生的职业并且成功的话，有很多经营之道需要学习。希望自己经过历练变得成熟，有能力经营一家有特色的电子制作创客社。

第三阶段：创业十年的展望。伴随着计算机技术、光电技术、机器人技术等科技的日益发展，电子制作技术将是一棵常青藤。产品可小，小到生活中的细枝末节、点点处处都可以有它们的身影；产品可大，大到无所不及。我们的电子创客社也许不能和许多大公司比实力，但是我们一定要有自己的特色，一定要坚持创客特色，譬如可以因特定用户需要而制作特定的产品，并不一定是大批量的，也就是说灵活多变是创客社的特点，这样才会有更强的生命力。

十年后，创客社将会怎样发展？我相信只要刻苦努力、坚持不懈，肯定会得到健康发展，会有自己独特的业务范围，也会有不错的回报。十年后，我将建立一个自己的作品展览室，并向有兴趣的青少年开放。展览室里展览我们多年来的创客作品，也能激励年轻的电子爱好者投入这一科技领域。

"凡事预则立，不预则废。"人生犹如航行在大海里的船，如果找不到航行的方向，就会迷失自己。职业生涯规划不仅能帮助个人按照自己的资历条件找到一份合适的工作，实现个人目标，更重要的是能帮助个人真正了解自己，为自己定下事业大计，筹划未来，拟定一生的发展方向，根据主客观条件设计出合理且可行的职业生涯发展方向。梦想和现实之间有很远的路要走，而行动就是从梦想走向现实的唯一途径。相信在这大好形势下，我的电子创客之路虽然会有困难，但只要咬定青山不放松，相信自己，爱上电子创客，定能成就出彩人生。

——选自张政：爱上电子创客 成就出彩人生，《职业教育》，2017 年第 4 期

（三）校园 vlog 视频

校园 vlog，用视频片段记录青春生活与成长，讲述青年人和新时代共同成长的故事。

1. 视频 1：致开学的你：点亮青春每道光

视频选自学习强国中国青年报频道《北大学子把影视金句融入诗朗诵，上一堂更年轻的开学第一课》，学长学姐用影视金句编成诗朗诵，寄语刚入学的年轻的新生们，开启一堂更年轻的开学第一课。

北大学子把影视金句融入诗朗诵，上一堂更年轻的开学第一课

2. 视频 2：立学为民，治学报国

"我和我的学校"之中国人民大学：立学为民，治学报国

视频选自学习强国教育频道《"我和我的学校"之中国人民大学：立学为民，治学报国》，中国人民大学张健，讲述小时候在人大支教团老师的影响下打开了新的世界，种下"人大梦"，努力学习，长大后考入了中国人民大学。记录下四年求学的片段和家乡脱贫致富的历程，毕业后重回家乡，建设家乡。

3. 视频 3：追梦 2035，以奋斗的青春致敬伟大的时代

视频选自学习强国校园风采频道《上海大学：追梦 2035，以奋斗的青春致敬伟大的时代》，上海大学美术学院博士生刁秋雨，在学校的支持下，用所学专业把非遗文化代入年轻人之中，和团队一起进行扶贫的片段记录和未来展望。

上海大学：追梦 2035，以奋斗的青春致敬伟大的时代

第三节　知识回顾与运用

一、单选题

1. 当代大学生应珍惜历史机遇，胸怀实现中华民族伟大复兴的中国梦，肩负接续奋斗的光荣使命，坚定理想，增强本领，勇于担当，提升（　　　），立志为新时代贡献青春力量。

　　A. 道德素质和法治素养　　　　　　　B. 思想素质和法治素养

　　C. 思想素质和道德素养　　　　　　　D. 思想道德素质和法治素养

2. 中国特色社会主义进入（　　　），意味着近代以来久经磨难的中华民族迎来了从站起来、富起来到强起来的伟大飞跃，迎来了实现中华民族伟大复兴的光明前景。

　　A. 新时代　　　　　B. 新阶段　　　　　C. 新征程　　　　　D. 新起点

3. 在新时代实现民族复兴梦想的伟大征程中，青年不懈追求的梦想应该始终与（　　　）的责任担当紧密相连。

　　A. 改造自然　　　　　B. 征服自然　　　　　C. 振兴中华　　　　　D. 自我实现

4. 在（　　　）时期，青年一代振兴中华的责任感体现在满怀革命理想，为争取民族独立、人民解放冲锋陷阵、抛洒热血等实践中。

　　A. 革命战争　　　　　B. 任何时候　　　　　C. 社会主义建设　　　　D. 改革开放

5. 在（　　　）时期，青年一代振兴中华的责任感体现在响应党的号召，在新中国的广阔天地忘我劳动、艰苦创业中。

　　A. 革命战争　　　　　B. 任何时候　　　　　C. 社会主义建设　　　　D. 改革开放

6. 在（　　　）时期，青年一代发出团结起来、振兴中华的时代强音，为祖国的繁荣富强开拓奋进、锐意创新。

　　A. 革命战争　　　　　B. 新时代　　　　　C. 社会主义建设　　　　D. 改革开放

7. （　　　），到 21 世纪中叶全面建成社会主义现代化强国时还不到 50 岁。他们是民族复兴伟大进程的见证者和参与者，也是社会主义事业的生力军。

　　A. 80 后　　　　　　B. 70 后　　　　　　C. 00 后　　　　　　D. 60 后

8. 党的（　　）提出了"培养担当民族复兴大任的时代新人"的战略要求。

　　A. 十六大　　　　　　B. 十七大　　　　　　C. 十八大　　　　　　D. 十九大

9. "青年兴则国家兴，青年强则国家强"这句话出自（　　）散文《少年中国说》。

　　A. 梁启超　　　　　B. 康有为　　　　　C. 孙中山　　　　　D. 毛泽东

10. "功崇惟志，业广惟勤"的正确含义是（　　）。

　　A. 取得伟大的功业，是由于有伟大的志向；完成伟大的功业，在于辛勤不懈地工作

　　B. 在所有成功里面最值得崇拜的就是有志向，只有勤奋才能让自己的事业得以推广发展

　　C. 取得伟大成就的人心里只有伟大的志向，能完成伟大功业的唯一原因就是勤奋

　　D. 只有通过向别人展示出你是一个有理想和十分勤奋的人，你才有可能获得成功

11. 中国梦是全国各族人民的共同理想，（　　）是党带领人民历经千辛万苦找到的实现中国梦的正确道路。

　　A. 发展经济　　　　　　　　　　　B. 改革开放

　　C. 建立市场经济体制　　　　　　　D. 中国特色社会主义

12. 从全面建成小康社会到基本实现现代化，再到全面建成社会主义现代化强国，是（　　）中国特色社会主义发展的战略安排。

　　A. 21 世纪　　　　　　B. 20 世纪　　　　　C. 改革开放后　　　　　D. 新时代

13.（　　）的任务书、时间表、路线图，为我国当代广大青年清晰指明了历史使命、奋斗目标和前进方向。

　　A. 建设社会主义现代化大国　　　　　　B. 建设现代化强国

　　C. 建设社会主义现代化强国　　　　　　D. 建设社会主义强国

14. "学如弓弩，才如箭镞，识以领之，方能中鹄"的主要含义是指（　　）。

　　A. 学问的根基如弓，人的才能如箭，真知灼见（学识）引导箭头射出，才能命中目标。比喻没有学问，才能不能发挥，没有学识指导人生，就没有正确的方向

　　B. 相对于学问，还是见识重要，人可以没有学问，但必须有见识

　　C. 如果一个人有学问，但是没有自信，是无法发力的

　　D. 一个人如果只有才能没有学问关系不大，只要在实践中对事物有了全面的认识，也是可以取得成功的

15.《墨子·所染》中说："染于苍则苍，染于黄则黄。所入者变，其色亦变。五入

必，而已则为五色矣。故染不可不慎也。"下列句子中与此句包含的文化生活道理相同的是（　　　）。

    A.石可破也，不可夺其坚；丹可磨也，不可夺其赤

    B.以自身自强，则名配尧舜

    C.合抱之木，生于毫末

    D.见贤思齐焉，见不贤而内自省也

16．"历尽天华成此景，人间万事出艰辛"的作者是（　　　）。

    A.江泽民　　　　　B.胡锦涛　　　　　C.毛泽东　　　　　D.邓小平

17．"历尽天华成此景，人间万事出艰辛"想要表达的主要含义是（　　　）。

    A.做任何事情都是很不容易的，都要经历磨难

    B.好的景色只在天上，在人间做什么都太难了

    C.好的景色只有天上可以有好的条件完成，在人间只有通过艰辛努力才能成功

    D.做事要靠天时地利人和，所以只有人和的话做事太难了

18．思想道德素质和法治素养，是（　　　）、道德素质和法治素养的有机融合，是新时代大学生必须具备的基本素质。

    A.文化素质　　　B.思想素质　　　C.政治素质　　　D.思想政治素质

19．（　　　）是人们的思想观念、政治立场、价值取向、道德情操和行为习惯等方面品质和能力的综合体现，反映着一个人的思想境界和道德风貌，是促进个体健康成长、社会发展进步的重要保障。

    A.思想道德素质　　B.道德素质　　　C.思想素质　　　D.法律素质

20．（　　　）是指人们通过学习法律知识、理解法律本质、运用法治思维、依法维护权利与依法履行义务的素质、修养和能力，对于保证人们尊崇法治、遵守法律具有重要的意义。

    A.法律素质　　　　B.法治素养　　　　C.道德素质　　　　D.思想素质

二、多选题

1.大学阶段是人生发展的重要时期，是（　　　）形成的关键时期。

    A.道德观　　　　B.世界观　　　　C.人生观　　　　D.价值观

2.中国特色社会主义（　　　）不断发展，拓展了发展中国家走向现代化的途径，给世界上那些既希望加快发展又希望保持自身独立性的国家和民族提供了全新选择，为解决人类问题贡献了中国智慧和中国方案。

    A.道路　　　　　B.理论　　　　　C.制度　　　　　D.文化

3. 身处新时代，勤劳勇敢的中国人民更加（　　　），中国这个古老而又现代的东方大国朝气蓬勃、气象万千。

　　A. 自信　　　　　　B. 自尊　　　　　　C. 自强　　　　　　D. 自立

4. 中国梦是历史的、现实的，也是未来的。它凝结着无数仁人志士的不懈努力，承载着全体中华儿女的共同向往，昭示着（　　　）的美好前景。

　　A. 世界大同　　　B. 国家富强　　　C. 民族振兴　　　D. 人民幸福

5. 新时代为大学生成长成才、勤学报国提供了广阔的舞台和无限的机遇。新时代属于每一个人，每一个人都是新时代的（　　　）。

　　A. 设计者　　　　B. 见证者　　　　C. 开创者　　　　D. 建设者

6. 大学生应该以有理想、有本领、有担当为根本要求，夯实综合素质基础，成为中国特色社会主义事业的合格建设者和可靠接班人，成为走在时代前列的（　　　）。

　　A. 奋进者　　　　B. 开拓者　　　　C. 奉献者　　　　D. 享受者

7. 大学生要真正成为担当民族复兴大任的时代新人，承担起自己的历史使命和时代责任，应该做到（　　　）。

　　A. 坚定理想信念　　　　　　　　　　B. 志存高远
　　C. 脚踏实地　　　　　　　　　　　　D. 勇做时代的弄潮儿

8. 思想道德和法律虽然在（　　　）等方面存在很大不同，但是二者都是上层建筑的重要组成部分，共同服务于一定的经济基础。

　　A. 调节领域　　　B. 调节方式　　　C. 调节目标　　　D. 调节对象

9. 在我国，中国特色社会主义思想道德建设和中国特色社会主义法治建设紧密联系、相互促进，为中国特色社会主义事业提供坚实的思想基础、精神支撑和法治保障。这体现在（　　　）。

　　A. 思想道德为法律提供思想指引和价值基础。思想道德为法律的制定、发展和完善提供价值准则，是社会主义法律正当性和合理性的重要基础
　　B. 法律为思想道德提供制度保障。法律通过对思想道德的基本原则予以确认，为思想道德建设提供国家强制力保障
　　C. 法律为思想道德提供思想指引和价值基础。法律为思想道德的制定、发展和完善提供价值准则，是社会主义思想道德正当性和合理性的重要基础
　　D. 思想道德为法律提供制度保障。思想道德通过法律的基本原则予以确认，为法律建设提供国家强制力保障

10. 当代大学生要保持对理想信念的激情和执着，将（　　　）内化为担当的自觉，

外化为实际的行动，从容自信、坚定自励。

  A. 实现"两个一百年"奋斗目标

  B. 实现中华民族伟大复兴中国梦的历史使命

  C. 实现"三个一百年"奋斗目标

  D. 实现解放全人类的历史使命

  11. "学如弓弩，才如箭镞，识以领之，方能中鹄。"习近平总书记曾引用这一诗句，激励当代广大青年（　　）。

  A. 通过优秀文化塑造精彩人生   B. 积极主动参加健康有益的文化活动

  C. 通过文化自觉增强文化自信   D. 续写以改革创新为核心的时代精神

  12. 大学生要成为兼收并蓄、融会贯通、本领高强、全面发展的优秀人才，必须做到（　　）。

  A. 惜时如金、孜孜不倦，下一番心无旁骛、静谧自怡的功夫

  B. 突出主干、择其精要，做到又博又专、愈博愈专

  C. 打牢扎实基础，及时更新知识

  D. 刻苦钻研理论知识，积极掌握实践技能

  13. 良好的思想道德素质和法治素养，需要大学生通过（　　）才能获得。

  A. 学习中升华   B. 内省中完善   C. 自律中养成   D. 实践中锤炼

  14. 随着科学技术特别是信息技术的迅猛发展，构建（　　）的教育体系，建设"人人皆学，时时可学"的学习型社会，培养大批创新人才，是人类共同面临的重大课题。

  A. 网络化   B. 数字化   C. 个性化   D. 终身化

  15. 作为实现中华民族伟大复兴的生力军，当代大学生应坚持（　　）的作风，勇于面对实际生活中的各种挫折考验，勤奋刻苦、磨砺意志、脚踏实地。

  A. 实践第一   B. 知行合一   C. 求真务实   D. 有为善为

三、简答题

1. 中国特色社会主义进入了新时代意味着什么？

2. 当代大学生如何堪当民族复兴大任的时代新人？

3. 简述思想道德建设和法治建设的关系。

四、应用题

  请结合本章知识学习与实践体验，根据社会发展的需要及本人的特点和理想展望，用思维导图的方式进行人生规划设计。

参考答案

一、单选题

1—5：DACAC　6—10：DCDAA

11—15：DDCAD　16—20：AADAB

二、多选题

1.BCD　2.ABCD　3.ABC　4.BCD　5.BCD

6.ABC　7.ABCD　8.ABCD　9.AB　10.AB

11.AB　12.ABCD　13.ABCD　14.ABCD　15.ABCD

三、简答题

1.答：新时代是我们理解当前所处历史方位的关键词。经过长期奋斗，中国特色社会主义进入了新时代，这意味着近代以来久经磨难的中华民族迎来了从站起来、富起来到强起来的伟大飞跃，迎来了实现中华民族伟大复兴的光明前景；意味着科学社会主义在 21 世纪的中国焕发出强大的生机活力，在世界上高高举起了中国特色社会主义伟大旗帜；意味着中国特色社会主义道路、理论、制度、文化不断发展，拓展了发展中国家走向现代化的途径，给世界上那些既希望加快发展又希望保持自身独立性的国家和民族提供了全新选择，为解决人类问题贡献了中国智慧和中国方案。

2.答：青年兴则国家兴，青年强则国家强。青年大学生肩负历史使命，要坚定前进信心，立大志、明大德、成大才、担大任，努力成为堪当民族复兴重任的时代新人，不断提升思想道德素质和法治素养，过有信念、有梦想、有奋斗、有奉献的人生，为祖国、为民族、为人民、为人类不懈奋斗。

3.答：思想道德和法律都是调节人们思想行为、协调人际关系、维护社会秩序的重要手段。思想道德和法律虽然在调节领域、调节方式、调节目标等方面存在很大不同，但是二者都是上层建筑的重要组成部分，共同服务于一定的经济基础。

在我国，社会主义思想道德建设和法治建设紧密联系，相互补充、相互促进，为党和国家事业提供坚实的思想基础、精神支撑和制度保障。一方面，思想道德建设为法治建设提供思想指引和价值基础。另一方面，法治建设为思想道德建设提供制度支撑和法律保障，通过对思想道德的基本原则予以确认为思想道德建设提供国家强制力保障。

四、应用题（略）

第一章

领悟人生真谛
把握人生方向

01

第一节　实践导学

一、实践导言

人为什么活着？怎样才能不虚度人生？人生的方向要怎么选择？这是许多大学生的青春之问。当今世界正经历百年未有之大变局，信息时代各种思潮相互激荡，社会纷繁多变，大家面对着学业、情感、职业发展等诸多方面的人生问题，是选择"躺平"还是"积极进取"？或许也是萦绕在大家心头难做的选择题。高中时期，大家在《生活与哲学》课程中就开始对人生价值、人和社会的关系等问题有了体验和思考。如今，大家初入大学，正处于人生的转折期和心理成长成熟的关键期，进一步探究以下问题非常必要：如何进一步理解人生？人生之路怎么走？人生的第一粒扣子有没有扣好？……

人生观相关概念具有总括性，理解它们尤其需要相关体验。面对我们人生发展的问题，如果只是单纯地背概念，也就只能是纸上谈兵。那么，怎样才能提升人生观体验呢？有两个途径，一个是认识（也称默识、静观），是指体验、反思自己和他人的人生观；另一个是实践，主要是指在生产活动、人际交往、科学实验等活动中理解人生观。当然，实践决定认识，认识根本上来源于实践，因此，根本的途径还是实践。就当前而言，实践主要指两个方面，其一，通过课程的实践教学环节自觉探索人生观问题；其二，在我们日常的社会交往中去体会、反思、感受各种人生观现象。同学们，让我们到真实的世界中，去体验、去感受、去实践、去行动、去寻找真实的意义和价值。

"路漫漫其修远兮，吾将上下而求索"，在实践中体验和领悟人生真谛、实现人生价值，这是一个需要我们终生虔诚以待、全身心投入的理想和使命。它既是人类生命独有的能力、需要、任务，同时也在根本上赋予了我们生命的意义。古今中外无数贤哲，就是在自觉体验、探索、追求人生意义的过程中成就了星辰一样璀璨出彩的人生。回望我们党的百年历史，像李大钊先生那样的众多革命先烈，他们用短暂又永恒的生命阐述了生命的价值和意义。大家如果看过《觉醒年代》，肯定对南陈北李相约建党、共同盟誓的名场面印象深刻："为了让你们不再流离失所；为了让中国的老百姓过上富裕幸福的生活；为了让穷人不再受欺负，人人都能当家做主；为了人人都受教育，少有所教，老有所依；为了中华民富国强；为了民族再造复兴。我愿意奋斗终生。"是什么让他们有这样胸怀天下的情怀，是什么让他们选择这样的人生道路，哪怕从此就要颠沛流离，就要与家人分离甚至面临生命威胁……还有陈延年、陈乔年等立志救国的青年人，他们本可以安静生活、读书、娶妻、生子，但依然为了"让子孙后代享受前人披荆斩棘带来的幸福"，不惜忍受敌人痛苦的折磨，牺牲自己的生命。我们作为后人，会由衷地感慨那时候的先辈们的不易，也会感动于他们的生命选择。而我们扪心自问，如果我们处在那样的环境中，我们会选择什么样的人生之路？或许，我们每个人心中都会有不同的答案。其实真正要理解他们的生命感受，对他们的人生价值有深刻认同，是很不容易的事情，那是因为体验、理解人生观是需要以一定的人生阅历、体验及一定的人生观理论知识为基础的。毕竟，每一个生命都是独特的，也需要在行动中不断融入时代背景、提升格局。

现在，我们已经具备了基本的人生观理论知识，也有了感性认识，正是开展人生体验教学实践的最佳时期。在实践中，我们可以在情境中直面、凝视人生观问题，努力养成体验自觉、生命自觉，锻炼我们实际解决问题的能力，提升自己对生命思考的深度和厚度，把人生的意义和价值放到更加广阔的天地之中，成就我们精彩的人生。

二、思维导图

在理论学习和思考的基础上，通过实践深入践行和领悟，促进知、情、意、信、行的合一。本章具体内容的知行转化图如下。

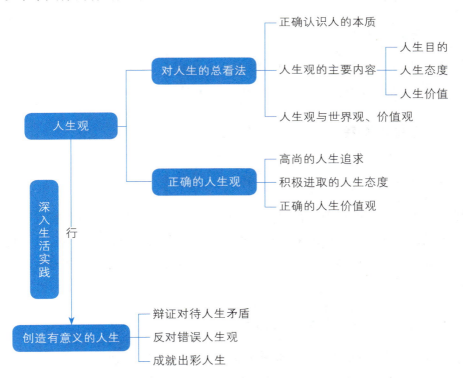

第二节　实践教学设计

一、实践教学目标

（一）知行转化目标

促进学生对本章理论教学主要概念如人生观、人生目的、人生态度、人生价值，以及主要理论如人和社会的辩证关系等内容理解的具化、深化；唤起、促进学生的体验自觉和探索人生意义的自觉；在"人生的主要价值在于积极贡献社会"方面，推动学生朝着从知到行发展；唤起学生开始从"人生"这个整体性、终极性视域下追求生命意义的行动自觉。

（二）能力培养目标

通过实践，增强自我认知能力，树立正确的人生观，并以正确的人生观为指引，不断提升自我成长的能力。

（三）情感素养目标

培育学生的交互主体意识；唤起、促进学生对他人、社会的关注、关心；唤起、促进学生的自我确信和自我价值感；唤起、促进学生对生命的热情和积极的态度。

二、实践方式推荐

方式一：社会调查

采用以人生观、价值观为主题的社会调查形式，结合本章节内容进行社会实践，通过网络和现场走访相结合、口头采访和调查问卷相结合的调查方式，结合社会现实，通过调查，更好地去了解社会不同人群的人生观、价值观和世界观，加强对生命意义和价值的理解。

方式二：名著、经典电影学习研讨

以小组为单位，以理解作品中主要人物的人生观及其形成、发展过程和原因为目的，选择阅读一部经典思政类著作，或观看一部经典电影，然后进行小组研讨。研讨完成后每人撰写一篇关于研讨作品中主要人物人生观的读后感，在研讨过程中，用文字或视频记录研讨发言实况。

方式三：研讨、理解生命

以小组为单位，以探索人生意义、人应该怎样活着为目的开展生命理解活动。要求必须有以下几个环节：小组交流、探讨，个人赴临某些特定场所，如烈士陵园、临终关怀医院、殡仪馆等，记录个人的相关阅读、记忆、想象等，然后每人撰写一篇活动心得并提交作为活动真实性证据的一些照片。

方式四：微心愿满足公益活动

寻找身边需要帮助的人或团体，结合自己的特长为他们提供帮助和服务，把自己的个人价值融入为他人服务中，体会自身的社会价值。

方式五："人生·青春·奋斗"主题演讲

以人生观相关内容为主题，结合社会热点（党史、抗疫等），以小组合作的方式，搜集资料，写演讲稿。在课内外、校内外展开"人生·青春·奋斗"主题演讲，号召青年人在奋斗中实现自己的人生价值。

三、实践设计精选——社会调查

（一）社会调查基本流程

1. 学生分组

以 7~8 人为一组，分成若干小组，选出组长整体把握社会调查的展开。

2. 前期准备

确定调查题目，围绕题目阅读相关文献资料，进行前期积累，然后将调查内容进行深化，拟定具体的社会调查方案。

3. 内部分工

小组讨论后，组长根据每位组员的特点进行组内分工，分工应包含：查找调查问卷资料、制作调查问卷、发布网络问卷、进行现场走访调查、数据统计、走访总结等，每位同学必须参与调查讨论，不参与者不得分。

4. 社会调查

根据主题拟定调查问卷，然后分发调查问卷，可采取线上与线下的方式，选择合适的场地进行现场调查；同时可在调查网站发布调查问卷（如问卷星），并通过论坛、微博、微信、QQ 等交互社区和软件进行问卷的推广。

5. 中期汇报

对调查过程和初步成果进行课堂汇报（或以中期报告的形式提交给老师），教师进行指导，并提出修改意见。

6. 形成调查报告

根据社会调查和教师的指导意见，整理调查资料，最后形成调查报告。

（二）社会调查注意事项

1. 进行现场调查时，要注意安全。

2. 调查问卷应该紧紧围绕本章主题，可以结合具体案例进行调查。

3. 网络调查要进行充分的前期推广，让尽可能多的人参与。

4. 现场调查可以直接让对方做问卷，也可以念给对方听，根据对方的回答来选择相应的答案。

5. 调查样本应该在 300 份以上。

6. 网络问卷数据和现场调查数据应该汇总到一起。

7. 在撰写调查报告时，应对数据进行全面分析，分析数据要科学严谨。报告应该图文结合。

8. 调查报告字数为 3000 字以上。

（三）调查问卷样例

大学生人生价值观状况调研

所学专业：_____

1. 您的年级（　　　）。

    A. 大一　　　　　　B. 大二　　　　　　C. 大三　　　　　　D. 大四

2. 您的性别（　　　）。

    A. 男　　　　　　B. 女

3. 您认为哪种人才算是幸福的？（　　　）。

    A. 家庭美满　　　　B. 事业成功　　　　C. 锦衣玉食　　　　D. 有钱有势

4. 您所向往的生活是（　　　）。

A. 物质极其丰富，无尽享乐的生活

B. 在一定经济基础上，尽可能追求个性张扬和风格独立的生活

C. 自我奋斗、自我实现的生活

D. 平静稳定的生活

5. 对于您自己的梦想，您认为（　　　）。

A. 太遥远了，没有实现的可能，只作为兴趣爱好

B. 不会为此改变自己的生活轨迹，但有好的机会就抓住

C. 只要有一丝机会就紧紧抓牢，一定要实现

D. 为了实现，乐此不疲地去追逐机会

6. 您对身边有没有人认同您的做法在意吗？（　　　）。

A. 无论何时总在意　　　　　　　　B. 有时在意

C. 无所谓　　　　　　　　　　　　D. 完全不在意

7. 激励您奋斗的原因是（　　　）。

A. 金钱

B. 自我价值的实现

C. 父母不容易，尽早报答父母养育之恩

D. 为国家发展贡献力量

E. 其他

8. 您判断人生价值的标准是（　　　）。

A. 对社会贡献的多少　　　　　　　B. 社会地位的高低

C. 金钱的多少　　　　　　　　　　D. 说不清

9. 实现理想的总要条件是（　　　）。

A. 坚定的信念

B. 正确认识理想与现实的关系

C. 勇于实践，艰苦奋斗

D. 其他

10. 您认为人的尊严与金钱的关系是（　　　）。

A. 个人的尊严重要

B. 金钱重要

C. 两者都重要，但绝不以个人的尊严去换取金钱

D. 两者都重要，为了钱可以失去尊严

11. 您认为青年人（　　）才算是尽社会责任的表现。

    A. 满足家庭的需要   B. 尽力读书或工作

    C. 奉公守法，有公德心   D. 关心社会，响应国家号召

12. 您学习之余想得最多的是（　　）。

    A. 如何获得较高的社会地位   B. 如何获得更多的金钱

    C. 怎样做到贡献与获取兼得   D. 其他

13. 您认为要过好大学四年的理由是（　　）。

    A. 取得文凭以便找工作

    B. 增长见识，丰富知识，提高自我修养

    C. 不认为读大学有什么意义

    D. 被迫的

14. 您害怕失败吗？（　　）。

    A. 从不害怕，我坚信自己能成功

    B. 失败是成功之母，所以我不可避免，只能接受它

    C. 我承认失败，但会想办法去改变

    D. 我很少想象自己失败的样子

15. 您觉得人这一生怎样才算有意义？（　　）。

    A. 做一番轰轰烈烈的大事业

    B. 完成自己的人生目标

    C. 自己觉得有意义就够了

    D. 其他

16. 您认为成功的人生是实现了人生梦想的人生吗？（　　）。

    A. 没必要，只要自己努力了，觉得自己成功就是成功

    B. 是的，没有实现人生梦想就达不到令自己感到满足的地步，如何叫作成功

    C. 没有实现自己的梦想，但是别的方面成功了，也算成功了

    D. 走向梦想的道路就是成功之路，无所谓成功与否

17. 您大学四年里的主要目标是（　　）。

    A. 简简单单过日子   B. 完成课业

    C. 学习专业知识，为创业就业打算   D. 学习更多门语言

    E. 建立一个社交圈   F. 谈恋爱

注意： 以上问卷由网络资料整合而成，主要是为调查问卷的设计提供样例，仅供参考。

（四）调查实践成果格式样表

调查成果：社会调查报告

样表：

题目

主题摘要、关键词
正文（3000字以上） 　　结合调查前查阅的文献资料，以及问卷调查反映出的情况进行整理和思考，包括调查过程中反映的现状，好的方面和存在的问题，再查阅文献，进行思考，提出解决的方案。最好能将调查结果量化，有数据、图表支撑。要求行文流畅，内容完整，有一定思考。
参考文献

（五）实践活动评价标准

社会调查实践成果具体评分标准如下。

评分构成	分值	评分标准
调查选题	10	社会调查选题具有非常积极的社会意义
调查问卷	15	社会调查问卷设计合理，问题能够围绕调查目标展开，问卷设计简洁精准
调查分析	20	现象分析全面、深刻、翔实，有理有据，结论正确
调查报告	45	报告结构严谨，逻辑性强；语言流畅，叙述清晰
字数	10	字数为3000字以上
总分		100

四、实践成果范例

下面是大学生人生观方面的社会调查报告、问卷范例以及调查样表，既有实证调查数据的呈现，也有对调查数据的分析及基于对现状和原因分析的对策研究，可供参考。

（一）调查报告——《大学生人生观与人生追求调查分析》

大学生人生观与人生追求调查分析

【摘要】对大学生人生观与人生追求的调查表明，当前大学生人生观与人生追求状况总体呈现良好发展态势。大学生人生价值取向健康向上，人生态度积极乐观，人生理想明确，受有关消极人生观影响较小；思想政治理论课教学与日常思想政治教育对大学生人生观培养积极影响显著。调查中反映出的一些值得关注的现象和问题也进一步点明了大学生人生观教育的着力点，即加强改进大学生人生观与人生追求状况，需持续加强大学生人生观教育、高度重视理想信念教育、积极开展社会主义核心价值观教育并努力开发利用好网络教育资源。

【关键词】大学生；人生观；人生追求；调查分析

大学时代是大学生形成正确的世界观、人生观、价值观的关键时期，人生观对大学生的成长成才有着重要的影响。目前，大学生的人生观和价值观表现出明显的多元化趋势，影响着大学生的人生追求。因此，为了考察当前大学生人生观的总体现状，掌握思想政治教育对大学生人生观的影响，课题组对大学生的人生观与人生追求展开调查，以期对当前大学生的人生观状况进行了解，并有针对性地对大学生开展思想政治教育。

1. 当前大学生人生观的总体状况

当前大学生人生观与人生追求总体呈现良好的发展态势。大学生群体乐于奉献，重视个人价值与社会价值的统一；关注集体在人生价值实现中的重要作用，人生价值取向积极健康向上；人生理想明确，能够将个人梦与民族梦、国家梦有机融合；人生态度积极乐观，对有关消极人生观的影响具有一定的抵抗力，但调查中大学生人生价值观及其行为表现折射出的相关问题，也进一步指明了加强改进大学生人生观教育的关键点。

（1）崇尚奉献的人生价值观，能够正确处理个人价值与社会价值之间的关系，人生价值实现路径选择正确。

数据显示，67.1%的大学生对"奉献是人生最大的快乐"这一观点明确表示赞同，仅 11.0% 的大学生明确表示不赞同；对于奉献与索取两者间的关系，64.2% 的大学生对"先索取，后奉献"这一观点明确表示不赞同（即能够正确看待奉献与索取的关系），18.4% 的大学生明确表示赞同（即不能够正确看待奉献与索取的关系）。大学生认同奉献人生价值观的人数比例（67.1%）与能够正确看待和处理奉献与索取关系的人数比例（64.2%）均超过六成，两组数据较高，相互印证了大学生群体在对待奉献与索取态度上的正确价值选择。对于个人价值与社会价值的实现，77.9 的大学生倾向于在个人价值与社会价值之间寻找平衡或明确倾向于实现社会价值，绝大部分大学生能够正确对待个人价值与社会价值的关系。对于人生价值实现路径的选择，61.9% 的大学生认为"人生价值只有在集体中才能得到更好的实现"，仅有 16.0% 的大学生明确表示不赞同，展现出大学生群体强烈的集体主义观念。

（2）人生理想明确且关注因素呈现多样性，能够正确认识个人梦与民族梦、国家梦的内在关联。

人生理想的确立是个人明确人生价值、努力实现人生价值的起点。当前，91.6%（较 2014 年提升了 3.7 个百分点）的大学生表示"有"明确的人生理想，仅 8.4% 的大学生明确表示"没有"，并且随着年龄 [课题组将大学生年龄划分为低年龄段（16~20 岁）、中间年龄段（21~24 岁）和高年龄段（25 岁以上）3 种类型] 的增长，有明确人生理想的大学生比例呈显著上升趋势，大学生人生理想确立情况呈现良好的发展态势。大学生人生理想关注因素复杂多样，绝大部分大学生较为关注"事业成就"（32.8%）、"物质财富"（19.2%）、"兴趣爱好"（16.0%）、"家庭需要"（12.7%）和"精神信仰"（7.0%）等因素（以上关注因素累计占比 87.7%），而对"社会地位"（4.2%）、"声誉名望"（0.7%）和"权力"（0.3%）等世俗性因素关注较少。大学生人生理想关注因素呈现多样性且总体健康向上，但调查也反映出大学生对"国家和社会需要"关注不足，关注度仅为 5.2%，大学生人生理想存在一定个人主义倾向。对于个人梦、民族梦和国家梦之间的关系，82.8%（较 2014 年提升了 5.1 个百分点）的大学生认为"人生梦想是国家梦、民族梦和个人梦的有机统一"，仅 4.8% 的大学生明确表示不赞同上述观点，折射出大学生群体对中国梦整体意义与个体意义的正确认知。

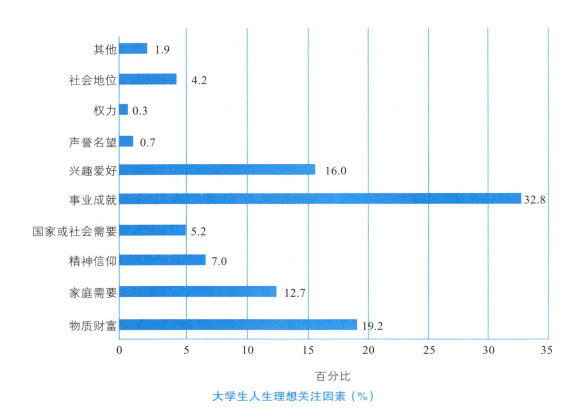

大学生人生理想关注因素（%）

（3）对未来人生发展积极乐观，生活满意度较高，展现出大学生群体乐观进取的人生态度。

当前大学生人生发展态度积极乐观。在调查中，当被问及"您如何看待自己未来的人生发展"时，75.3%的大学生表示"非常乐观"和"比较乐观"，23.1%的大学生表示"迷茫"，仅1.6%的大学生表示"比较悲观"和"非常悲观"。绝大部分大学生对自己未来人生发展充满信心，彰显了自信昂扬的人生态度，但也有近1/4（23.1%）的大学生对未来人生发展感到迷茫，这一现象应引起高度重视。生活满意度深刻影响着大学生的生活目标定位和行为追求取向，同样是反映大学生生活态度和人生态度的重要方面。调查表明，当前大学生群体的生活满意度总体较高，生活态度良好，但大学生生活满意度水平仍有提升空间。数据显示，59.0%的大学生对目前的生活状况感到满意（其中，"非常满意"7.5%，"比较满意"51.5%），32.4%的大学生表示满意程度"一般"，仅8.6%的大学生表示"不太满意"（7.7%）和"很不满意"（0.9%）。调查还发现，家庭成长环境对大学生的生活满意度表现出较大影响作用，这为加强对学校教育和家庭教育双效合力的重视提供了现实依据。

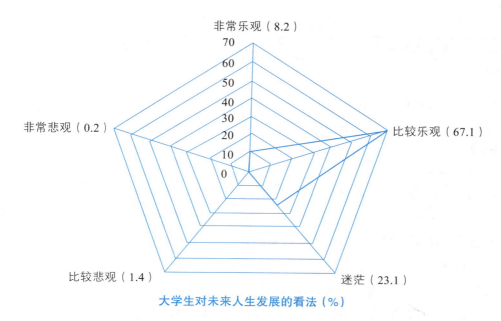

大学生对未来人生发展的看法（%）

（4）大学生受消极人生观影响程度总体较小，但个别消极人生观的潜在影响不容忽视。

关于大学生受消极人生观影响的情况，调研主要从"宿命论""拜金主义"和"享乐主义"3 种具有代表性的消极人生观入手设计了调查题目。具体来看，对于"生死有命，富贵在天"（宿命论）这一观点，64.6% 的大学生明确表示不赞同，15.6% 的大学生明确表示赞同；对于"人为财死，鸟为食亡"（拜金主义）这一观点，65.5% 的大学生明确表示不赞同，16.3% 的大学生明确表示赞同；对于"人生苦短，应及时行乐"（享乐主义）这一观点，44.8% 的大学生明确表示不赞同，32.6% 的大学生明确表示赞同。大学生受以上 3 种消极人生观影响的程度（即大学生对调查涉及的消极人生观表示"比较赞同"和"非常赞同"的人数比例）在 15.6%~32.6% 之间，总体影响程度不高，但消极人生观产生的潜在影响不容忽视。比较分析发现，大学生明确反对宿命论、拜金主义等消极人生观的比例均在 65.0% 左右，且超出认同比例近 50 个百分点；大学生明确反对享乐主义的比例（44.8%）未能过半，超出认同比例（32.6%）仅 12.2 个百分点，高达 55.2% 的大学生对享乐主义人生观的评价态度模糊或表示赞同（表 1-1）。享乐主义人生观在大学生中有不小的影响力，密切关注和有效抵制享乐主义等消极人生观对大学生的不良影响应成为大学生人生观教育开展的重要内容。

表 1-1 有关消极人生观对大学生的影响状况（%）

消极人生观		赞同		说不清楚	不赞同	
类型	代表观点	比较赞同	非常赞同		不大赞同	很不赞同
宿命论	生死有命，富贵在天	11.0	4.6	19.8	39.2	25.4
		15.6			64.6	
拜金主义	人为财死，鸟为食亡	12.2	4.1	18.2	37.9	27.6
		16.3			65.5	
享乐主义	人生苦短，应及时行乐	24.9	7.7	22.6	29.0	15.8
		32.6			44.8	

2. 思想政治教育对大学生人生观的影响状况

调查认为，当前高校思想政治理论课与日常思想政治教育的主渠道与主阵地作用突出，发挥着显著积极作用，有关教育举措取得良好成效。

（1）思想政治理论课教学与日常思想政治教育积极作用显著。

思想政治理论课教学与日常思想政治教育是大学生思想政治教育开展的主渠道与主阵地，对大学生人生观教育具有举足轻重的作用。为进一步考察和验证思想政治理论课教学与日常思想政治教育对大学生人生观的实际影响，我们采用结构方程模型进行分析。数据分析发现，思想政治理论课教学与日常思想政治教育均正向显著影响着大学生的人生观状况，即思想政治理论课教学与日常思想政治教育开展得越好，大学生对其越满意，大学生的人生观就越积极。相比较而言，日常思想政治教育对大学生人生观的培养积极影响较大，标准化系数为 0.29，思想政治理论课教学积极影响大学生人生观的标准化系数为 0.13。分析还发现，大学生的人生观正向显著影响着大学生的日常文明行为，标准化系数为 0.52，大学生人生观越积极，他们的日常行为表现越好。此结构方程模型综合说明：思想政治理论课教学与日常思想政治教育通过影响大学生的人生观而影响着大学生的日常行为表现，思想政治理论课教学与日常思想政治教育对大学生人生观及其行为表现发挥积极影响。

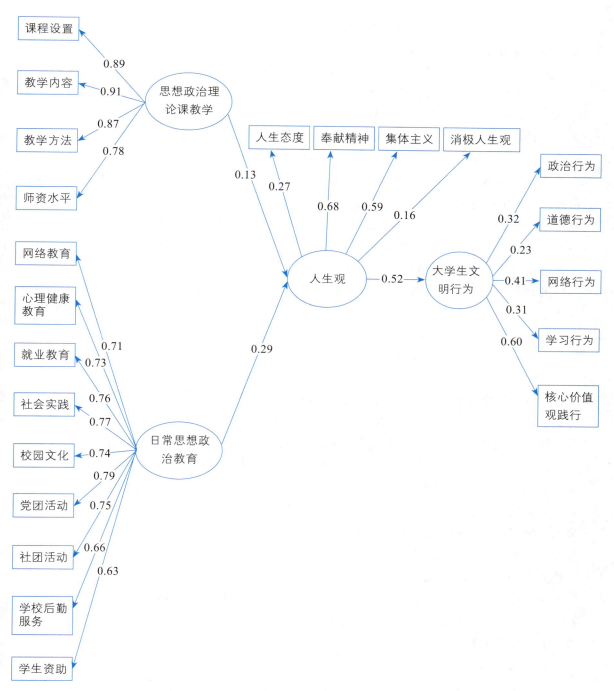

"教育引导""人生观"和"文明行为"之间的结构方程模型

（2）有关具体教育举措积极影响显著。

大学生良好人生观的培养和塑造是多元教育渠道综合作用的结果，经回归分析发现，不同教育渠道对大学生人生观有关方面的影响作用不尽相同，深入探究有关教育渠道的现实成效及其具体开展状况有助于大学生思想政治教育的进一步深化。在思想政治理论课教学有关建设方面，课程设置、教学内容、师资水平等有关方面建设对大学生人生观具有显著积极影响。数据显示，大学生对思想政治理论课课程设置的评价每提升1个等级（回归分析中所涉及的大学生对思想政治理论课有关方面建设的评价依次分为"很不满意""不大满意""一般""比较满意""非常满意"5个等级，本组文章同此），对奉献人生价值观的认同得分（回归分析中，大学生对有关积极人生价值观的认同等级分为"很不赞同""不大赞同""一般""比较赞同""非常赞同"5个等级，依次分别赋值1分、2分、3分、4分、5分，得分越高表示大学生人生观状况越积极；大学生对有关消极人生价值观的认同等级同样分为"很不赞同""不大赞同""一般""比较赞同""非常赞同"5个等级，依次分别赋值1分、2分、3分、4分、5分，得分越低表示大学生受有关消极人生观影响越小，本组文章同此）提升13.88%，在正确选择人生价值实现路径方面的得分提升12.30%；大学生对思想政治理论课教学内容的评价每提升1个等级，对奉献人生价值观的认同得分提升8.22%，对个人价值与社会价值关系的正确认知得分提升11.40%；大学生对思想政治理论课师资水平的评价每提升1个等级，在正确处理奉献与索取关系方面的得分提升12.52%，对个人价值与社会价值关系的正确认知得分提升7.79%，在受消极人生观影响方面的得分降低8.97%。

在日常思想政治教育开展方面，党团活动、校园文化活动、网络教育、资助育人等有关教育举措的开展对大学生人生观具有显著积极影响。数据显示，大学生对党团活动的评价每提升1个等级（回归分析中所涉及的大学生对日常思想政治教育有关具体开展举措的评价依次分为"很不满意""不大满意""一般""比较满意""非常满意"5个等级，本组文章同此），对奉献人生价值观的认同得分提升6.82%，在正确处理奉献与索取关系方面的得分提升9.53%，在正确选择人生价值实现路径方面的得分提升9.64%，对个人价值与社会价值关系的正确认知得分提升8.76%；大学生对校园文化活动的评价每提升1个等级，在正确处理奉献与索取关系方面的得分提升18.41%，对个人价值与社会价值关系的正确认知得分提升7.57%，在受消极人生观影响方面的得分降低9.70%；大学生对网络教育的评价每提升1个等级，在正确选择人生价值实现路径方面的得分提升9.31%；大学生对家庭经济困难学生资助工作的评价每提升1个等级，在受消极人生观影响方面的得分降低7.69%。

3. 大学生人生观教育的建议

此次调查反映出，部分大学生在人生观方面存在"知行不一"现象，人生理想追求相对偏重个人因素，享乐主义人生观占有一定市场。随着大学生对网络的广泛使用，如何应对网络运用对大学生人生观的潜在影响也成为大学生人生观教育不可回避的紧迫问题。这些值得关注的问题与现象为进一步加强改进大学生思想政治教育提出了现实要求。

（1）持续加强大学生人生观教育。

人生观教育作为大学生思想政治教育的重要内容需常抓不懈，持续加强大学生人生观教育需在促进大学生"知行合一"方面下功夫。有关数据显示，大学生在思想认知层面能够正确认知个人价值与社会价值两者关系的比例（82.8%），高出在行为选择层面能够正确处理两者关系的比例（68.3%）14.5个百分点。人生观教育既要一如既往地重视提升大学生对正确价值观念的认同感，同时还要重视增强大学生的践行意愿和践行力，引导大学生积极、主动、自觉地将对正确人生价值观念的认同转化为个人的行为选择，减少"知而不行"的现象。在具体教育开展过程中，应高度重视和充分发挥实践育人的作用。调查表明，当前大学生对学校或学院组织的道德建设实践活动的参与率将近80%，思想政治教育开展应着力将大学生对道德践行活动的高参与率与实践育人的切实成效对接起来，避免育人实践活动流于形式、浮于表面。结合大学生思想政治教育目标，通过制定翔实的方案，组织开展教育目标明确的主题实践活动，使丰富多彩的实践活动真正成为大学生育德的"运动场"和"活力场"，以及实现大学生价值认同落实为行为选择的"转化场"。

（2）高度重视大学生理想信念教育。

"理想信念是一个国家、民族和政党团结奋斗的精神旗帜，理想信念动摇是最危险的动摇。"[1] 理想信念教育应始终作为大学生思想政治教育的着力点：一要高度重视大学生个人理想和精神信仰的树立。当前大学生对"国家和社会需要"的关注程度（5.2%）仍有较大的提升空间，人生观教育应积极引导大学生正确看待个人理想与社会、国家发展需要之间的密切关联，提升大学生在人生理想确立及实现过程中对社会与国家需要的重视程度。二要重点处理好理想信念教育理想性与现实性之间的张力关系。当前大学生理想信念教育在一定程度上存在说教空洞、强调理想性而忽视现实性的现象。大学生理想信念教育既要强调灌输增强大学生对中国特色社会主义理想信念的"确信"，同时也要注重将这种情感信仰落细、落实，将理想信念融入科学理论认同、历史规律认识、基本国情把握和国家发展需要之中，增强理想信念的"可信"。三要时刻保有"全员全方位全过程"育人的理念与意识，重视发挥教书育人、科研育人、实践育人、文化育人、资助育人等对大学生人生观积极影响显著的多元教育渠道的综合育人作用，切实提升教育实效。

（3）积极开展大学生社会主义核心价值观教育。

为进一步提升大学生对消极人生观不良影响的"免疫力"，增强大学生对主流、主导价值观念的认同力，当前应以社会主义核心价值观教育为抓手，在大学生群体中大力培育和弘扬社会主义核心价值观，使社会主义核心价值观占领和坚守大学生思想高地。

---

[1] 秋石.革命理想高于天——学习习近平同志关于坚定理想信念的重要论述[J].求是，2013，（21）.

分析表明，增强对社会主义核心价值观的认同感对于提升大学生抵制消极人生观影响的能力积极作用显著，对社会主义核心价值观认同度越高的大学生群体，他们受有关消极人生观影响的程度越低，社会主义核心价值观成为大学生有效抵制消极人生观影响的重要"法宝"。积极开展大学生社会主义核心价值观教育，可通过开设专门的课程或讲座加强宣传解读、倡行力施，同时也要进一步有意识地加强对社会非主流价值观念、消极价值观念的剖析和评判，通过正反两方面的教育，提升大学生对社会主流价值观念的认同感与践行意愿，削弱消极价值观念产生的不良影响。调查表明，越愿意参加社会主义核心价值观基层教育宣讲活动的大学生对有关消极人生观的抵抗力越强，相关教育部门应大力开展并积极组织和动员大学生参与社会主义核心价值观教育宣讲活动，增强大学生自我教育能力，使大学生在践行体悟中坚定正确价值信仰。

（4）开发和用好网络教育资源。

当前网络运用对大学生的日常生活习惯乃至思想观念的影响不容忽视。坚守网络教育阵地、开发利用好网络教育资源，有三个具体措施。一要建设好、运用好学校微信、微博等新媒体公众平台。当前，94.0%的大学生使用微博或微信，93.4%的大学生借此"浏览动态、了解信息"或"发表自己的观点或更新状态"；在有微信、微博等新媒体公众平台的高校中，浏览这些平台频次较高的大学生对积极人生观的认同与践行情况、对消极人生观影响的有效抵制均表现较好。如何借助大学生对新媒体的高使用率来建设好新媒体平台并发挥好其育人作用，应成为网络教育资源开发的重要关注点。二要加强大学生思想政治教育类主题网站和网页的建设。分析表明，浏览思想政治教育类主题网站和网页频率越高的大学生，其人生价值观总体状况越好。思想政治教育类主题网站和网页建设要在增强吸引力、感染力、影响力等方面，从技术和内容创新等多个层面加强改进，注重提升大学生浏览此类网站和网页的积极性与主动性。三要努力提升网络教育的能力与实效，大力开展更加贴合大数据时代新常态和大学生现实需要的网络教育，提升网络教育的方法、艺术和水平，不断增强网络空间的价值引领能力。

——选自段立国：大学生人生观与人生追求调查分析，《思想教育研究》，2015年11月

（二）调查报告——《当代高职大学生人生观现状调查与分析：以苏州市职业大学为例》

当代高职大学生人生观现状调查与分析
———以苏州市职业大学为例

【摘要】青年时期形成的人生观深刻影响着人的一生。调查表明，当前高职大学生

人生观状况良好，大部分大学生能正确认识个人价值与社会价值之间的关系，重视集体在人生价值实现中的重要作用，注重奉献，且人生理想明确，并持有乐观自信、积极向上的良好人生态度。但同时，也有部分学生奉献意识淡薄，集体观念缺失，部分高职大学生受到了消极人生观的影响，认同消极观点、表露出消极情绪等。为此，要加强奉献精神、集体主义教育，塑造大学生健康向上的阳光心态，并通过开展积极向上的活动、增强网络思想政治教育在引导大学生自觉抵制消极人生观影响方面的作用等来培养大学生积极的人生态度。

【关键词】高职；大学生；人生观；调查

人生观是世界观在人生问题上的反映，是对人生问题的基本看法和态度，决定着人们的一生。习近平总书记曾多次寄语青年大学生树立正确人生观。因此如何把握他们的思想动态、如何提供正确的引导，成为一个十分重要的课题。基于这样的思考，课题组着手调研并策划了大学生人生观调查问卷，调查利用了公众号等新媒体手段，设计了较科学严谨的调查问卷。

1. 调查对象数据统计及调查方法

（1）性别比例：总人数 3539 人。男生共 1496 人，占比 42.27%；女生共 2043 人，占比 57.73%。男少女多，男女比例基本均衡，相差比例在正常范围内。

（2）年级比例：大一新生共 2945 人，占比 83.22%，此次调查主要针对大一新生，所以占比最多；大二学生共 566 人，占比 15.99%；大三学生人数最少，共 28 人，占比 0.79%。

（3）调查方法：采取问卷调查的方法，对随机抽取的学生统一发放问卷进行调查，然后对回收的问卷进行数据统计，并对统计结果进行分析和论证。本次调查共发放问卷 3539 份，收回有效问卷 3539 份，有效问卷占比 100%。

总的来看，此次问卷调查回收的数据有效且合理，男女比例符合常规数据，答题质量高，为此次苏职大大学生人生观调研提供了鲜活、有效的一手数据资料。样本数约占学校学生总数的四分之一，具有一定的参考意义。

2. 大学生人生观调查的状态分析

（1）总体积极向上。

①对社会主义核心价值观高度认同，对中华民族优秀传统文化和实践活动乐于接受。

调查显示，大部分学生对社会主义核心价值观都有较好的认知和较高的认同度。绝大部分同学都知道社会主义核心价值观，这部分人约占 98.11%，不知道的仅占 1.89%。其中，基本能准确记住的约占 73.56%。从学生对社会主义核心价值观的认同度上看，认为跟自己息息相关，并且应该倡导的学生占比 96.5%，认为没有必要或与自己无关的只占 3.5% 左右。由此可见，社会主义核心价值观在新时代大学生心目中有极强的凝聚力。

关于"传统文化对核心价值观的作用"，调查显示，大部分学生认为中国传统文化对现代社会主义价值观的形成有较大的意义，总体来看，认为有意义的占比为99.01%，认为"没有意义"的只占0.99%，认为"意义深刻"和"有一定意义"的分别占比40.24%和56.74%，这个比例是比较高的，可见作为中华民族悠久传承的中国传统文化对于学生而言具有较大的影响，这也反映了新时代大学生对中华传统文化有很强的认同感。关于"哪类活动对大学生核心价值观的形成影响最大"，调查显示，影响大学生核心价值观形成的学校活动类型呈现多元化，其中影响力从高到低排名依次为校园文化活动、志愿者活动、思想政治理论课、电视广播等大众传媒、讲座，分别占比为71.12%、62.45%、59.31%、48.26%、41.85%，其中校园文化活动、志愿者活动作为实践活动类排在头两位，思想政治理论课占比接近六成，达到了59.31%，可见学生认为思想政治理论课对社会主义核心价值观的形成有较大的作用。

②人生价值取向积极，人生意义的认知和设定较为客观，能乐观地看待未来人生发展。

关于"您认为人的一生要怎样最有意义"，调查显示，家庭圆满生活幸福、完成自己的人生目标、自己觉得有意义即可三个选项分别占31.62%、29.73%、29.53%，这三项的比例基本均衡，各占三成比例。关于"对生命的知识和态度"，调查显示，绝大多数学生都对生命持积极和珍惜的态度，其中认为"生命只有一次，且行且珍惜"的占70.73%，表明大多数人认识到生命宝贵，持珍惜的态度，15.85%的学生认为"人应该为自己而活"，而认为"生命的意义在于获取他人的承认"的占4.78%，这个数据明显低于"人应该为自己而活"的15.85%，这表明学生更倾向于选择生命的自主性。6.16%的学生选择"生命短暂，及时行乐"，表明部分学生有享乐主义倾向。选择"生无可恋"消极态度的学生比例只占0.79%。去掉享乐和消极态度的比例后，约有97.51%的学生对生命持积极、珍惜的健康态度。

③人生理想相对明确，选择更加冷静务实，知识与智慧、精神信仰两个精神价值要素需求突显。

关于"人生理想的优先考虑要素"，调查显示，有大半学生把兴趣爱好、事业成就、物质财富、家庭需要作为确立人生理想时优先考虑的价值要素。其中兴趣爱好居于首位，占比达79.43%；事业成就排第二，占比66.8%；物质财富排第三，占比62.84%；家庭需要排第四，占比61.23%，以上四项占比均过半数。另外，我们看到"知识与智慧""精神信仰"这两项虽未入围前四，但也占据了将近一半的比例，可见学生除了客观物质基础的需要外，还很重视精神信仰、知识与智慧等精神价值需要。

④人生态度重视自我努力，能够正视失败和迎接挑战，成就动机高涨，能力本位的成才观念正在形成。

关于"如何获取自己需要的或者想要的东西"，调查显示，绝大部分学生在获取自己需要的或者想要的东西的问题上的认知和心态都很健康。其中，选择自己奋斗去争取的占 73.66%，居首位；选择向长辈索取的只占 1.19%，居末位。可见大学生主流态度认同自我奋斗的实现。23.23% 的学生选择"随遇而安，不强求"，显示了约五分之一多的学生对获取自己想要的东西并不强求的随和态度。关于"对失败的认知和态度"，调查显示，52.39% 的学生"承认失败，但会想办法去改变"；34.22% 的学生认为"失败是成功之母，不可避免，我只能接受"，可见绝大多数的学生认识到失败是生活的常态现象，能够接受和承认失败，其中过半学生面对失败会选择积极改变。10.45% 的学生具备超强的自信和勇气，表示"从不害怕，我坚信自己能成功"。只有 2.94% 的学生选择"我很少想象自己失败的样子"，造成这种现象的原因有两种：一是逃避或不敢想象自己失败的样子；二是盲目自信，觉得自己无论如何都不会失败。这两种心理状况都是非健康和理性的态度，但所占比例极少。

（2）存在的问题。

消极人生观对学生有影响，"为国家发展"作为高职学生奋斗的驱动力还有待提升。关于"激励您奋斗的原因"，调查显示，报答父母、自我价值实现、享受人生三个选项居于前三，报答父母选项比例最高，约为 82.11%，可见，中国新时代大学生的传统家庭观念、孝敬长辈观念依旧是主流。此外，"自我价值实现"占比 72.42%，除了报答父母恩情之外，"自我价值实现"成为新时代大学生奋斗的一个重要内因驱动力。"享受人生"占比 68.52%，可见除了孝敬父母、实现自我价值，新时代的大学生也很重视享受人生，享受人生也是激励他们奋斗的一大要素。"为金钱"而奋斗比例也过半，占比 59.06%，低于前三项的占比，但也是激励大学生奋斗一个重要因素。"为国家发展"而奋斗的比例为 29.39%，接近三成的比例，这个比例绝对数不低，但与前四项相比，则远低于前四项的比例。

大学生人生观表现出明显的多元化趋势，对传统思想政治教育工作提出挑战。调查显示，影响大学生确立社会主义核心价值观最重要的因素是网络信息时代各种媒体传播负面信息、西方价值观念的渗透、各种非主流社会思潮的冲击、党和政府机关的带头示范作用以及家庭和学校价值观教育层面的影响。社会意识形态领域的正负能量互相交织，对青年学生正确认知和判断事物产生了相当大的影响，也对学校思想政治教育工作提出了挑战。

网络新媒体传递的负面信息客观存在，是影响大学生形成正确人生观的重要因素。影响大学生确立社会主义核心价值观有多方面的因素：网络信息时代各种媒体传播的负面信息的作用和影响最大，占比达 79.23%，居于首位；且学生认为网络等新媒体传递的一些负面影响对社会主义核心价值观的认同有较强的影响，占比达到 86.78%。可见加强网络信息的管理尤其重要。

3. 对策及思考

通过本次调研及分析，我们感受到学校青年学生的思政素养已入身心，散发出来的正能量弥漫其间，学生主流选择让高校思政工作的开展有了底气，也让我们重新思考如何在实践中进行工作创新。

（1）以社会主义核心价值观为引领，引导学生摆脱价值迷茫。

前期学校开展了人生观状态数据调查，取得了一定的成效。调研数据表明，我们的大学生对党和国家倡导的社会主义核心价值观有高度的认同感，这充分说明社会主义核心价值观的有效性、科学性和客观性，在新时代大学生心目中有极强的凝聚力。要用核心价值观教育提高理性认知水平，克服认知偏差。着重培养大学生的理性认知与分析能力，学会用正确的立场、观点和方法去理性地看待问题、分析问题，克服认知上的盲目性、主观性以及片面性，减少不良心态的产生。

（2）以"三全"育人体系为目标，开展多元育人实践活动。

"全员育人、全程育人、全方位育人"，全员是指由学校、家庭、社会、学生组成的"四位一体"的育人机制；全程育人是指学生从进校门到毕业；全方位育人是指充分利用各种教育实践活动载体育人。如，"青春与价值"、课程思政、党建联盟、家长会进车间、心理健康周、志愿者活动等都是很好的实践案例。本次调查也显示学校活动类型的多元化，如校园文化活动、志愿者活动、思想政治理论课、电视广播等大众传媒、讲座等。

（3）以新媒体发展为视点，打造网络思政育人品牌。

网络思政工作平台"遇见苏职大"已经运行一年半，以传播社会主义先进文化、红色革命文化、优秀传统文化、特色校园文化为主要内容，取得了一定的实效。实践证明，公众号中以学生作为主角的故事的点击量和转发数都较其他内容居前，在师生中影响很大，学生对与学生有关的故事更感兴趣，更愿意听。由此我们感觉到，思政工作中少不了学生这一最佳主体，要拓展讲故事主体的外延，除了思政工作者外，更要学会让学生来讲。在"讲什么"上要上下兼顾，以小见大。要探索如何充分运用互联网、新媒体和大数据技术有效开展大学生思想政治教育工作，结合大学生的身心特点和兴趣喜好设计教育内容与活动形式，从而提高网络思想政治教育的吸引力。

（4）以优秀传统文化为切入，营造独特人文教育氛围。

传统文化中的优秀人文精华已为现代社科成果所证实，学校绝大部分大学生对传统文化有很强的认同感，中华民族历史悠久的传统文化对于新时代大学生而言具有较大的影响和积极意义，这也反映了新时代大学生对本国传统文化有很强的认同感，中国传统文化的提倡也有利于现代社会主义核心价值观的形成、发展和完善。学校要充分发挥学校吴文化园、吴文化传承与创新研究中心等文化阵地载体，塑造大学生积极的人生观，开展健康向上的特色文化活动。

（5）以人文环境建设为重点，构筑绿色、文明校园。

高校自然人文环境对大学生的思想政治素养以至人生价值取向产生深远影响。尤其是人文环境的塑造潜移默化地成了一种无形载体教育。当前，学校正以健身步道、党建思政廉政人文长廊等实事工程推进美丽校园人文环境建设，融环境的审美功能与育人功能于一体，以一流的环境建设构建美丽和谐、绿色文明的校园。

——选自王大纲：当代高职大学生人生观现状调查与分析———以苏州市职业大学为例，《湖北开放职业学院学报》2020 年 2 月

（三）调查报告——《"00 后"大学生人生观现状调查分析：以昭通学院为例》

"00 后"大学生人生观现状调查分析
——以昭通学院为例

【摘要】问卷调查显示，"00 后"大学生人生观整体状况良好，大部分学生能够认识到人生目标的重要性，拥有积极进取、乐观向上的人生态度，能正确认识自我价值与社会价值之间的关系，但还是存在部分大学生奉献意识和责任意识薄弱，人生价值功利化且受到消极人生观影响明显的情况。因此高校思政教育应立足于课程育人、心理育人、活动育人和网络育人，加强对"00 后"大学生的人生观教育，从而树立其正确人生观。

【关键词】"00 后"大学生；人生观；人生观教育

"人生观决定着人生道路的方向，也决定着人们行为选择的价值取向和用什么样的方式对待实际生活。"习近平总书记把树立正确的世界观、人生观、价值观比喻为"总钥匙"，在人生历程和纷繁复杂的社会环境中发挥着重要作用。"人生的扣子从一开始就要扣好"，因此树立正确的人生观尤为关键。本文针对"00 后"大学生人生目标和规划、人生态度以及人生价值等状况进行调查。通过随机抽样与立意抽样相结合的方法，在昭通学院共发放问卷 1100 份，回收问卷 1093 份，回收率为 99.3%，其中有效问卷 1070 份，有效回收率为 97.2%。样本的基本情况如下：男生占 44.86%，女生占 55.14%；文科类学生占 36.05%，理工类学生占 53.35%，艺术体育类学生占 10.60%；大一学生占 74.93%，大二学生占 23.13%，大三学生占 1.17%，大四学生占 0.77%。从调查中可以看出"00 后"大学生集中于大一和大二年级，数据采用 SPSS22.0 进行统计分析。基于此次调查数据，本文对"00 后"大学生人生观情况进行调查分析。

1."00 后"大学生人生观的基本状况

调查表明，"00 后"大学生人生观整体状况是积极的、向上的，能认识到人生目标和规划的重要性，愿意去规划自己的人生，也希望兼顾到个人与社会、个体与集体的关系，但这其中也凸显了个体意识增强、个人取向重于集体取向的问题。在人生手段上，

希望通过自己的聪明才智和辛勤劳动达到人生目标。在人生态度上积极乐观，即使不尽如人意，但愿意去改变；在人生价值评价上，大部分同学认可人的价值在于对社会的奉献，能够平衡好个人价值与社会价值之间的关系，总体归结为以下几方面：

（1）有一定的人生规划，个体意识凸显。

调查中，当问及"您觉得人生目的意味着什么"时，94.37%的学生表示人生目的是人生的灯塔，2.91%的学生认为人生目的是虚无缥缈的事情，还有2.72%的学生认为它是可有可无的。人生目的是对"人为什么活着"这一人生根本问题的认识和回答。大部分"00后"大学生能够意识到人生目的的重要性，因为它规定了人生的前进方向，对人们所从事的具体活动起着定向的作用。并且从宏观的人生规划上看，63.5%的学生有长期与短期规划，25.44%的学生有短期人生规划，5.33%的学生有长期人生规划，5.73%的学生没有人生规划。但是，当问及"您是否已经对未来的职业有明确的方向和规划"时，36.41%的学生表示"目前还没有想那么远，走一步看一步"，16.99%的学生表示"对于未来的发展方向还很迷茫"，45.34%的学生表示"已经对未来做了充分的准备和规划"，1.26%的学生表示"父母已经为我做好了人生的规划"。从中可以看出大部分"00后"大学生具有宏观的人生规划，但超五成的学生并没有对未来做好充分的准备。

另外，对于人生目标的定位调查显示，74.52%的学生认为"主要是实现自我的完善和发展"，11.35%的学生表示为"为社会和集体服务，做更多的贡献"，6.11%的学生表示"根据自己的能力追求功名利禄"，还有8.02%的学生表示"没有明确目标，顺其自然"。从中反映出"00后"大学生个性突出，强调个人的主观感受，主体意识增强，集体意识减弱，这值得关注。

（2）人生态度积极乐观，对未来充满期待。

大部分"00后"大学生对人生具有美好憧憬和良好愿望。当问及"自己当前生活的状况"时，6.43%的学生表示"无聊、空虚、颓废"，48.63%的学生表示"有趣、积极、充实"，还有44.94%的学生表示"不满意，但我愿意去改变"。当被问及"如何看待自己的未来人生发展"时，79.21%的学生表示"非常乐观"和"比较乐观"，17.14%的学生表示感到"迷茫"，仅3.65%的学生表示"比较悲观"和"非常悲观"。总的来看，大部分"00后"大学生满意当前的生活状况，并乐观、自信地看待自己的未来人生发展，但有学生对未来人生发展缺乏信心，出现了迷茫和悲观的情绪，从而影响到他们遇到困难所采取的态度，有七成学生愿意"竭尽全力寻找办法，解决问题"，有三成左右的学生会选择"尽人事，听天命"或者"果断放弃"。因此，"00后"大学生在人生态度方面整体向好，但也存在佛系心态和"丧文化"等现象。

（3）人生价值取向积极向上，认识到了奉献和责任。

"00后"大学生人生价值取向积极向上，凸显个体意识，希望处理好自我价值和社会价值之间的关系。调查显示，7.47% 的学生表示自己"更重视社会价值的实现"，84.59% 的学生表示会"在实现个人价值与社会价值之间寻求平衡"，但也有 5.39% 的学生表示自己"更重视个人价值的实现"，且有 2.55% 的学生表示"不清楚"。在处理"奉献"与"索取"关系时，62.92% 的学生认为奉献是人生最大的快乐，6.05% 的学生认为先索取，后奉献，31.03% 的学生表示不清楚。人生价值只有在集体中才能得到更好实现的观点有 60.74% 的学生表示"赞成"，20.63% 的学生表示"不赞成"，18.63% 的学生表示"说不清楚"。

从中可以看出，"00 后"大学生希望在个人与社会的关系上找到一个平衡点，愿意为集体奉献力量，并渴望美好的未来与和谐的人际关系。然而，部分大学生对"奉献"缺乏全面的认知，出现"重索取，轻奉献"、奉献精神相对淡薄的情况。此外，部分学生对集体的力量认识不到位，未能在社会集体中找到归属感和认可感。

2. "00 后"大学生人生观教育应当关注的问题

（1）树立远大人生目标存在困难。

在调查中发现，很多学生意识到人生目标对于人生的指引作用，但是很多同学仅有短期的人生规划。究其原因，是学生未能正确处理理想与现实之间的落差。对于刚上大学的"00 后"而言，或多或少存在这样的困惑：没能考上理想的大学，对所学专业并不感兴趣也没有信心学好，同时也看不到自己的未来，觉得既没有前途，也没有光明，甚至失去树立远大理想的勇气。面对现实的骨感，很多学生认为"既来之则安之"，选择实际一点比较好。这源于学生未能处理好理想与现实的关系，仅看到二者之间的对立关系，未看到二者的统一性，主要是以现实来否定理想：在追求理想的过程中遭遇现实困难时，觉得理想遥不可及而丧失信心和勇气，甚至放弃理想而随波逐流。因此，在人生观的教育中，我们需要让学生认识理想与现实的矛盾与冲突，属于"应然"和"实然"的矛盾，它们存在着差距，正因差距的存在，人才需要理想，理想才有感召力，激励人们去追求理想。大学生应该实事求是地分析现实，既不回避矛盾，也不夸大问题，既不把现实理想化，也不为现实中存在的问题所迷惑，辨清社会事物，坚定理想信念，树立远大的人生目标。

（2）人生价值功利化。

在对"00 后"大学生的学习动机的调查和访谈中发现，大部分学生希望通过努力学习提升自己能力和水平，毕业后找到个好工作，过上安稳富足的生活，并且具有一定的社会地位。仅有少部分同学认为自己学业有成的同时需要回馈社会，报效祖国和造福人类。这样功利化的学习目的，会造成学生普遍重视自己的专业知识，忽视通识必修课程。为给将来就业增加砝码，不断考取各类证书，而人文学科的书籍，阅读量普遍偏低。

此外，对"00后"大学生的人生价值实现选择标准的调查中，大部分大学生能正确衡量一个人的人生价值标准。调查显示，77.89%的大学生表示在于"对社会贡献的多少"，12.2%的学生表示在于"拥有财富的多少"，2.57%的学生表示在于"拥有权力的大小"，7.34%的学生表示在于"社会地位的高低"。但在实际的人生规划定位中，47.80%的学生表示"事业成就"，22.52%的学生表示"兴趣爱好"，14.03%的学生表示"家庭需要"，15.65%的学生表示"国家或社会的需要"。这反映出学生的主观认知和实际行动之间存在一定差距，有"知而不行"或者"知行不一"的现象，即"知行堕距"现象。

（3）消极人生观的影响。

大部分学生能够从思想上认识到消极人生观的危害性，但也有学生对于一些消极观点表示赞同或者认识模糊，进而在实践中迷失自我，主要表现为：其一是享乐主义偏重，奋斗精神降低。当被问及"怎样看待'人生苦短，应及时行乐'"这种观点时，表示"赞成"的学生比例达到了36.43%，表示"不清楚"的学生比例为19.63%，有43.94%的学生表示"不赞成"。可以看出学生注重物质享受，把对物的追求作为人生的最高目标，同学之间相互攀比，片面追求"超前消费"，从而忽视自己享乐的前提是父母的辛勤付出，未意识到应该承担的社会责任。其二是消极倾向明显，进取意识减弱。当被问及"怎样看待'生死由命，富贵在天'"这种观点时，有28.53%的学生表示赞成或者不清楚；当被问及"怎样看待房价高、就业难，理想就是空谈"时，9.63%的学生表示赞成。刚进入大学的"00后"开始对自己放松，在困难面前产生畏难情绪，采取消极的"无所谓"的佛系心态。对待外部竞争，他们逃避和恐惧，自我放弃，丧失了人生的奋斗目标，虚度年华。其三是出现庸俗的"拜金主义"。对于"人为财死，鸟为食亡"的看法，20.40%的学生表示赞同，59.31%的学生表示不赞同，20.29%的学生表示不清楚。在这个物欲横流的社会，"00后"大学生受到了享乐主义和拜金主义等消极人生观的影响。

（4）网络是消极人生观的重要来源

生于中国"入世"节点，并伴随着移动互联网兴起时代的"00后"大学生们被时代所选中，享受到了全球化、移动互联网、整体性消费升级的复合红利，物质上更充裕，生活方式则被网购和互联网社交等影响，每天花很长时间上网，因此诞生了一个新名词："低头族"。网络超越了传统传媒的传播方式，表现得自由开放，并且信息容量庞大冗杂，这对于"00后"的独立人格塑造有着不同的影响。既有提高智育的积极因素，也有不可忽视的消极因素。一方面，很多学生被工具理性的科技所束缚，沉溺于网络难以自拔，制约着主观能动性的发挥，个人交往能力变弱，人的自由全面发展受到限制。另一方面，网络中各种信息鱼龙混杂，缺乏辨别力的"00后"容易被拜金主义、享乐主义以及极端个人主义的消极人生观影响，造成价值观偏差和信仰缺失，没有远大志向，只顾眼前，不思进取，过着庸庸无为、浑浑噩噩的大学生活。所以，引导学生自觉抵制消极人生观，树立科学高尚的人生追求是网络思想政治教育的重要内容。

3. 加强"00 后"大学生人生观教育的措施

（1）课程育人：树立"服务人民，奉献社会"的人生追求。

马克思关于人的本质论断，为人生观教育提供了理论基石。"人的本质不是单个人所固有的抽象物，在其现实性上，它是一切社会关系的总和。"个人不能脱离于集体、社会、国家而存在，只有在各种复杂的社会关系中，人们才能实现自身的价值和意义。人的社会性决定了人只有在推动社会进步的过程中，才能实现自我的发展。学生应该把小我和大我统一起来，自觉自愿地把自己的一生奉献于利国利民的事业，从而实现自我价值。因此，在人生观教育中，要以集体主义为价值取向，树立"服务人民，奉献社会"的科学高尚的人生追求。

只有确立了服务人民、奉献社会的人生追求，才能清楚地把握人的生命历程和奋斗目标，理解"人为什么活着"的人生哲理；才能以正确的人生态度对待人生，解决实际生活中的各种问题，以人民利益为重，始终对祖国和人民具有高度的责任感；也才能掌握正确的人生价值标准，才能懂得人生的价值首先在于奉献，自觉用真善美来塑造自己，不断培养高洁的操行和纯朴的情感，努力使自己成为一个高尚的人。

（2）心理育人：培育积极向上的阳光心态。

生长于物质充裕时代的"00 后"大学生，刚从激烈的高考竞争中出来。他们进入陌生的环境，人际关系的建立、大学的学习节奏、严格的学校管理制度等多重因素，以及理想与现实的落差，使他们缺乏足够的挫折承受能力和应对能力，心理较为敏感、脆弱。压力不断增加且无处释放时，会导致一系列的心理问题。此外，"00 后"大学生对于很多事情都会事无巨细地先询问家长和老师，缺乏自我分析和解决问题的能力，不会主动解决自己的问题，甚至对自己的事情表现出漠不关心的态度。

在调查中也发现，部分学生对未来感到迷茫和悲观，受到消极人生观的影响。之所以出现这样的心态源自社会环境，但是可以通过教育、引导以及学生的努力等培育积极健康的人生态度。在对其人生观教育的过程中，应坚持育心与育德相结合，加强人文关怀和心理疏导，着力培育学生理性平和、积极向上的健康心态。可以通过以下几种方式：其一是运用社会主义核心价值观形成正确的认知，调节负面情绪，规范自身行为；其二是进行心理疏导，及时调适和排解不良情绪，或者通过心理干预，改变心理认识等帮助学生克服心理问题；其三是培养学生理性认识，掌握科学的思维方式，提高积极分析和解决问题的能力。

（3）活动育人：开展丰富多彩的文体活动。

在对学生进行人生观教育时，坚持理论教育与实践养成相结合，整合各类实践资源，引导学生在活动中增强实践能力。高校应该积极发挥校园环境和校园活动对塑造学生积极人生观的作用，充分利用学生会、社团等学生团体，开展积极向上的文体活动。一是规范党团活动，提升其质量。增强党团活动的教育意义和教育性内容，提升学生的思想觉悟，强化党史、国史教育，提升学生社会责任感和服务意识。通过活动感染人和教化人，真正实现活动育人。二是丰富各类活动的具体内容和形式。如举办红色文化活动等，增强针对性和吸引力，扩大覆盖面，尽可能满足学生的需求，使得学生乐意参与、真正投入其中，切实提升活动的教育作用和影响力。三是加强对各类校园活动的管理。对相关活动给予指导和扶持，保障活动的政治性、稳定性和长期性，提高在学生中的认同度，同时要避免"形式化"的"阵风式运动"。

（4）网络育人：加强网络思想政治教育。

网络是"00后"大学生获取信息的重要渠道，一些消极的人生观也来源于此，但是不能认为网络一无是处，让学生远离网络，这既不可行也不现实。这需要发挥思想政治工作传统优势同信息技术高度融合，大力推进网络教育，加强校园网络文化建设与管理，提升学生网络文明素养。其一是增强学生对网络负面因素的"抵抗力"。在网络中加强信息的辨识能力，分清"假丑恶"和"真善美"，清醒明了地看待纷繁复杂的网络世界。其二是利用好校园网、公众号、"易班"等新媒体平台，结合学生实际及时推送和更新思想政治教育的相关资讯，增强教育的时效性和针对性。其三是在网络平台上可以采取形式多样的宣传教育方式，从单纯的理论灌输向图文并茂的立体化渗透转化，把深刻的道理以平实的语言、生动形象的方式表现出来，增强学生对宣传内容的认同感。

——选自马玉莎："00后"大学生人生观现状调查分析——以昭通学院为例，《昭通学院学报》，2021年4月

第三节　知识回顾与运用

一、单选题

1.马克思认为，人的本质是（　　　）。

A.政治动物　　　　　　　　　B.有双足而无羽毛的动物

C.一切社会关系的总和　　　　D.能制造和使用工具的高级动物

2.（　　　）是人的本质属性。

A.自然属性　　　B.精神属性　　　C.社会属性　　　D.灵性

3.能为人们在社会生活中判断善恶、美丑、福祸、荣辱、利害提供基本准则的

是（　　　）。

  A. 人生观   B. 世界观   C. 价值观   D. 审美观

4. "生当作人杰，死亦为鬼雄"是（　　　）。

  A. 世界观   B. 人生观   C. 价值观   D. 以上都正确

5. 人生观（　　　）。

  A. 人人都有   B. 文盲没有   C. 与生俱来   D. 由思考而来

6. 人究竟为何而活？（　　　）。

  A. 追求快乐   B. 追求幸福   C. 追求意义   D. 没有目的

7. 下列有关人与金钱的说法中错误的是（　　　）。

  A. 金钱拜物教使人唯利是图，损人利己

  B. 人要做金钱的主人，不能做金钱的奴隶

  C. 在市场经济时代，追求金钱是人生的最高目的

  D. 人需要金钱，但金钱只是人发展自我、造福社会的条件之一

8. "青青园中葵，朝露待日晞。阳春布德泽，万物生光辉"表达了一种（　　　）。

  A. 人生目的   B. 人生态度   C. 人生观   D. 人生价值观

9. 关于人生价值的论断，哪个是错的？（　　　）。

  A. 人生价值主要不在于自我价值

  B. 人生价值主要在于社会价值

  C. 人生价值是自我价值和社会价值的有机统一

  D. 人生价值没有衡量标准

10. 现在有一个热词："躺平"，它是指（　　　）。

  A. 一种高尚的人生追求

  B. 一种积极上进的人生态度

  C. 一种无为而治的生命智慧

  D. 一种相对消极、不值得提倡的人生态度、生活状态

11. 有的人身处逆境而百折不挠，有的人在顺境中却长吁短叹，有的人笑对人生，有的人看破红尘，这些都是（　　　）的表现。

  A. 苦乐观   B. 顺逆观   C. 生死观   D. 荣辱观

12. 人民群众是推动历史前进的真正动力，是历史的真正主人。这种群众史观反映到人生观上必然是（　　　）。

  A. 为个人和家庭服务   B. 为小群体服务

  C. 为少数统治者服务   D. 为人民服务

13. 一位哲学家说："青春是一种时限货币。当一个人尽情享受这种货币带来的欢乐时，就意味着青春逝去之时，他就沦为了乞丐。"这句话蕴含的哲理是（   ）。

    A. 享乐主义人生价值观，把个人欢乐建立在别人的痛苦之上

    B. 及时享乐是享乐主义人生价值观的本质

    C. 享乐主义人生观是社会存在的反映

    D. 享乐主义人生观把追求享受当成人生最大乐趣，对人们具有极大危害

14. 下列关于人生目的的认识和理解中，错误的是（   ）。

    A. 人生目的由人生态度决定

    B. 人生目的是生活在一定历史条件下的人，对"人为什么活着"问题的认识和回答

    C. 人生目的是人在人生实践中关于自身行为的根本指向和人生追求

    D. 人生目的规定人生活动大方向，是人生行为的动力源泉

15. 人生需要有务实的人生态度。下列不能反映一个人具有务实态度的行为表现是（   ）。

    A. 从小事做起，身边事做起

    B. 空谈理想，眼高手低

    C. 把个人想法与社会实际联系起来

    D. 坚持实事求是看问题，透过现象看本质

16. 有的人身处逆境而百折不挠，有的人在顺境中却长吁短叹，有的人笑对人生，有的人看破红尘，这些都是（   ）的表现。

    A. 人生态度   B. 人生目的

    C. 人生理想   D. 人生信念

17. 个人与社会是（   ）。

    A. 对立的关系   B. 统一的关系

    C. 对立统一的关系   D. 制约的关系

18. 下面关于逆境的论断，哪个不对？（   ）。

    A. 逆境通常都很有价值

    B. 逆境必然都很有价值

    C. 逆境是否有价值，取决于人的心态、精神品质

    D. 人若从未经历逆境，那终难成就出彩人生

19. 关于"塞翁失马，焉知非福"，错误的是（   ）。

    A. 这是精神胜利法   B. 这是辩证法

C. 这是生命智慧   D. 这是事物自身固有的运动趋势

20. 下面关于人与社会关系的论断，错误的是（　　　）。

　　A. 社会妨碍人的自由发展

　　B. 社会束缚人，但也解放人

　　C. 人只有献身于社会，才能真正实现价值

　　D. 人与社会是互相联系、互相作用的

二、多选题

1. 人生观是对（　　　）的看法。

　　A. 人生目的　　　　　B. 人生态度　　　　　C. 人生价值　　　　　D. 人生理想

2. 我们坚决反对（　　　）。

　　A. 拜金主义　　　　　B. 享乐主义　　　　　C. 个人主义　　　　　D. 极端个人主义

3. 下面哪些蕴含着积极进取的人生态度？（　　　）。

　　A. 人生难得几回搏　　　　　　　　　　B. 人生难得几回醉

　　C. 人生如戏，不必计较　　　　　　　　D. "路漫漫其修远兮，吾将上下而求索"

4. 思考人生，树立正确的人生观，首先需要对（　　　）有科学的认识？

　　A. 人是什么　　　　　　　　　　　　　B. 人的本质是什么

　　C. 人的价值是什么　　　　　　　　　　D. 人的属性是什么

5. 下列有关人生价值的说法正确的是（　　　）。

　　A. 只有干轰轰烈烈的大事，才能实现人生价值

　　B. 人生的自我价值，是个体的人生活动对自己的生存和发展所具有的价值，主要表现为对自身物质和精神需要的满足程度

　　C. 人生的社会价值，是个体的实践活动对社会、他人所具有的价值

　　D. 人生价值内在地包含了人生的自我价值和社会价值两个方面

6. 积极进取的人生态度包括（　　　）。

　　A. 人生须认真　　　　B. 人生应乐观　　　　C. 人生当务实　　　　D. 人生要进取

7. 下列有关人的认识正确的是（　　　）。

　　A. 人的本质不是单个人所固有的抽象物，在其现实性上，它是一切社会关系的总和

　　B. 任何人都是处在一定的社会关系中从事社会实践活动的人

　　C. 人的社会关系的总和决定了人的本质。人们正是在这种客观的、不断变化的社会关系中塑造自我，成为真正现实的、具有个性特征的人

D. 人可以脱离社会群体而存在

8. 如何衡量人生价值？（ ）。

A. 社会价值是人生价值的最基本内容

B. 是否促进了历史的进步是人生价值评价的根本尺度

C. 劳动贡献，是社会评价人生价值的基本标准

D. 既要看物质贡献，也要看精神贡献

9. 下面的说法错误的是（ ）。

A. 人的思想必然受社会的影响

B. 人很难做到"出淤泥而不染"

C. 近朱者一定赤，近墨者一定黑

D. 孔子讲"为仁由己"，因此人怎么生活，完全取决于自己

10. 社会关系包括：（ ）。

A. 家庭关系　　　B. 地缘关系　　　C. 血缘关系　　　D. 道德关系

11. 马克思说："人的本质不是单个人所固有的抽象物，在其现实性上，它是一切社会关系的总和。"这句话说明（ ）。

A. 人和自然界的其他动物一样都具有动物性

B. 任何人都是处在一定的社会关系中从事社会实践活动的人

C. 决定人的本质的是其自然属性

D. 决定人的本质的是其社会属性

12. 人生目的（ ）。

A. 决定人生道路　　　　　　　B. 决定人生态度

C. 决定人生价值选择　　　　　D. 决定人生意义

13. 实现人生价值，（ ）。

A. 要从社会客观条件出发　　　B. 要从个体自身条件出发

C. 需要客观认识自己　　　　　D. 需要不断提升能力和本领

14. 错误的人生观包括（ ）。

A. 拜金主义　　　B. 极端个人主义　　　C. 存在主义　　　D. 享乐主义

15. 鲁滨逊因出海遭遇灾难，漂流到无人小岛，并坚持在岛上生活，最后回到原来所生活的社会的故事说明（ ）。

A. 社会性不是人的本质属性

B. 个人与社会没有关系

C. 个人与社会紧密联系

D. 鲁滨逊在孤岛上正是凭借在社会中掌握的知识与技能才能生存，体现了人离不开社会

三、简答题

1. 简述人生观的含义及其内容。

2. 谈谈你对自我价值和社会价值关系的理解。

3. 如何正确评价人生价值？

四、应用题

结合本章的学习和实践，制作生活学习日志，尝试探索课程内容和自身成长的关系，在一个学期中随时想到随时写。可以在以下参考指南中选择日志主题，也可以根据自己的实际情况自行决定日志主题，每篇日志内容字数不限，要求撰写真实、有思想，每篇日志前面要写上日期。

学习日志参考主题：

1. 参阅《思想道德与法治》教材和参考书目，根据教师的介绍，如果可以自由选择，你最愿意在理论课上讲授哪些内容？为什么？

2. 你如何评价你的道德修养和法治素养？你理想的道德和法治的素养应该是怎样的？你是否达到？如果没有达到，是否愿意为之努力？

3. 结合课程的内容，思考三个问题：我是谁？我来大学做什么？我大学毕业以后要成为一个什么样的人？

4. 回顾你在课外参加学习小组的情况，是什么使学习共同体中的研究与学习有效或无效？当个人参与学习共同体的研究活动时，需要承担什么样的责任？你是否承担并完成了？你将怎么去做？

5. 根据课程实践记录自己的真实感受。

6. 一段时间学习下来，你对课程的认知与最初的认知是否有所改变？有哪些改变？课程带给你怎样的体验？本课程的学习方式和你以往以及现在在学的其他课程的区别是什么？你如何评价这些区别？

7. 通过本课程的学习，对你的日常生活和认知有影响吗？影响到了哪些？这些影响是你期待的改变吗？今后你会怎么做？请对本课程提出一些建议和意见。

8. 如果再修一次本课程，与你第一次修这门课时会有什么不同的做法和不同的表现？如果你在本课程表现出色，你认为你的成功归于什么？你学到了哪些重要的东西？

参考答案

一、单选题

1—5：CCCBA　6—10：CCBDD

11—15：BDDAB　16—20：ACBAA

二、多选题

1.ABC　2.ABD　3.AD　4.AB　5.BCD

6.ABCD　7.ABC　8.ABCD　9.CD　10.ABD

11.BD　12.ABC　13.ABCD　14.ABD　15.CD

三、简答题

1.答：人生观是人们对人生目的和人生意义的根本看法和态度。

人生观包含三个方面的内容：

第一，人生目的，即人为什么活着。

第二，人生态度，即人应该如何活着。

第三，人生价值，即怎样的人生才有意义。

这三个方面相互联系、相辅相成，是一个有机整体。

2.答：价值通常可以理解为客体能满足主体（人）需要的属性。人生活在社会中，社会中的人相互联系、作用，每一个人都在一定程度上为满足他人的需要有所贡献，这样，人也就具有了社会价值。同时，人也在一定程度上能满足自己的一些需要，这样，人也就有了自我价值。人的这两大基本价值是相互联系、有机统一的。其中，社会价值是个体自我完善、全面发展的保障，而自我价值是个体生存和发展的必要条件，其实现则是创造社会价值的前提。而人的社会性决定了人生的社会价值是人生价值的基本内容，社会对于一个人的价值评判，主要以他对社会所做的贡献为准。

3.答：评价人生价值的根本尺度，是看一个人的实践活动是否符合社会发展的客观规律，是否促进了历史的进步。衡量人生价值的标准，最重要的就是看一个人是否用自己的劳动和聪明才智为国家和社会真诚奉献，为人民群众尽心尽力服务。在评价过程中，既要看贡献的大小，也要看尽力的程度，既要尊重物质贡献，也要尊重精神贡献，既要注重社会贡献，也要注重自身完善。

四、应用题（略）

第二章

追求远大理想
坚定崇高信念

02

第一节　实践导学

一、实践导言

经过中小学的学习和体验，大家已经了解到，少年的梦想，与个人的人生目标紧密相连，与时代的脉搏紧密相连，更与中国梦密不可分，追梦要努力、立志、坚持、有方法，更要处理好梦想与现实的关系。

那么，作为大学生的你，如何把梦想转化为可以实现的理想，并培育出足以支撑你追求远大理想的崇高信念？大学的课本给我们讲得很清楚，而我们的实践课也会通过引导大家参与采访前辈，感受理想信念对于人成长成才的重要性。

少年时，梦想可以激发一个人生命的热情和勇气，让生活更有色彩。可是，当我们成长为体魄和精力都非常强大的青年时，面对现实的挑战，仅仅依靠梦想就不够了。就像课本说的，如果没有理想，或者信念不坚定，我们就会精神缺钙，从而导致在人生各种始料不及的考验中迷失方向。

理想是人们在实践中形成的、有实现可能性的、对未来社会和自身发展目标的向往和追求，是人们的"三观"在奋斗目标上的集中体现。从这一概念里我们可以了解到，少年梦想作为一种人的向往和追求，跟理想是密切相关的，二者都是一种希望超越现实的精神现象。但是理想与我们的少年梦想也有着显著的区别，理想是需要在实践中根据时代特点不断做可操作性论证和调整的。也就是说，我们的少年梦想，只要处理好与现实之间的关系，在实践中发扬艰苦奋斗的精神，它就会成为我们说的有实现可能性的理想。

同学们，作为中华民族伟大复兴重任的担当者，你们有着迫切的成才使命，但又确实缺乏实践经验，如果仅仅依靠一己之力去积累经验，实在不是明智之举。踏踏实实地通过参与实践了解自我、正确定位，努力奋斗去实现理想，这些都是我们成才不可缺的必经历程。但是，与此同时，积极向前辈学习，从先行者那里了解他们的成长历程，了解他们是如何立志，如何在实践中不断调整自己的奋斗目标，怎样正确处理理想与现实的关系……博采众长，合理借鉴，也绝对可以称得上是给我们人生增添一座智慧经验启迪加油站了。

通过对众多先行者的采访，我们不难发现，多大的智慧都不如大格局来得有力量。科学而崇高的理想，能够让我们飞得更高、更远、更持久。因为只有高远的理想，才能够帮助我们把个人成长的理想与实现中国梦的时代需求更好地结合在一起，从而让我们在实现中国梦的实践中放飞自己的青春梦想。

因此，在学习了课本中关于理想和信念的逻辑结构和运作规律后，通过采访在人生道路上努力拼搏的各行各业的前辈们，来"以远大理想和崇高信念补实精神之钙"，应该是每一位想创造有意义人生的青年学子最明智的选择。

二、思维导图

在理论学习和思考的基础上，通过实践深入践行和领悟，促进知、情、意、信、行的合一。本章具体内容的知行转化图如下。

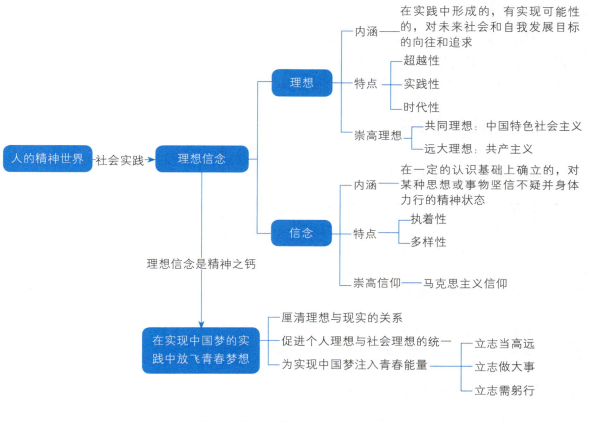

第二节　实践教学设计

一、实践教学目标

（一）知行转化目标

通过实践，学生可以把理论知识转化为对自己成长的指导，立足现实，学会处理理想与现实、个人理想与社会理想的关系，深刻认识崇高理想信念在每一个人成长成才中的"补钙"作用，在实践中进一步厘清理想与现实的关系。

（二）能力培养目标

通过实践，培养学生的人际交往能力、团队合作能力、临场发挥能力、语言组织能力、口头表达能力；通过撰写采访报告，培养学生的写作能力、逻辑思维能力；通过制作采访视频，培养学生的新媒体应用能力。

（三）情感素养目标

通过实践，培养学生对中国梦的情感认同，坚定马克思主义科学信仰，促进个人理想与社会理想实现有机结合，成长为既有崇高理想信念又有实际践行能力的新时代的社会主义建设者，帮助学生以最大的热情投身于中华民族伟大复兴征程中。

二、实践方式推荐

方式一：先行者访谈录

以理想信念的概念和特征及如何处理理想与现实的关系等本章理论内容为主题，确定合适的先进人物，如优秀党员、优秀教师或抗疫防疫中的先进人物等，以小组为单位进行深入访谈，撰写访谈报告或制作访谈视频。

方式二：思想对话会

采用现场访问的方式，选出一名主持人对嘉宾进行访问，然后每个小组派出代表发言，与嘉宾进行交流讨论，也可以是座谈会形式的自由讨论。

方式三：一部好电影、一本好书的启示

通过观看一部电影或阅读一本好书，直观、生动地了解树立积极和正确人生观、确立理想信念和崇高信仰的重要性，对自己在追求远大理想、坚定崇高信念过程中所需要具备的思想道德品质和法律素养有更加明确的认知。

方式四：主题辩论

小组组内进行分工：搜集资料、撰写辩词，确定一、二、三、四辩以及主辩手，其他同学在辩论中担任智囊团。以理想信念、立志为主题（如志存高远和脚踏实地哪个更重要），分小组展开辩论。

方式五：虚拟仿真体验——重走长征路

有条件的学校，组织学生开展虚拟仿真体验：重走长征路。在虚拟仿真中体验革命先辈在艰苦的条件下仍坚持理想和信仰，用信念战胜重重困难、突破重重封锁的经历，穿越历史，感受理想信念的力量。

三、实践设计精选——人物访谈

（一）人物访谈活动基本流程

1. 学生分组

以 30~60 人的小班为单位，一个小班分 6~8 个小组，选出组长。组长及时召开小组会议，充分了解组内每一位成员的特点。

2. 初步准备

在老师的指导下，查找收集访谈实践的相关资料，确定访谈对象后，进一步制定合理的访谈实施计划，拟定详细的访谈提纲，做好访谈对象的背景资料收集。

3. 内部分工

根据每位组员的特点进行组内分工，分工应包含访谈提纲准备、访谈过程中的主次采访者、访谈过程中的记录人员和拍摄人员、访谈记录整理人员、访谈报告写作人员和访谈视频制作人员等。

4. 面对面访谈

做好联系工作，开始面对面访谈实践活动；外地交通不便的可以通过视频连线的采访方式进行，并做好过程记录工作。

5. 中期汇报指导

对访谈过程和初步成果进行课堂汇报（或书面汇报），教师进行指导，并提出修改意见。

6. 形成访谈成果

根据访谈实践过程和教师指导，整理访谈资料，并进行访谈视频的剪辑和后期制作，最后形成访谈文章和视频成果。

（二）人物访谈活动注意事项

1. 访谈前

（1）组内应精诚合作，组员保持线上和线下密切的沟通状态，保障研讨准备工作按时推进并顺利完成。

（2）准备访谈设备，包括笔记本、笔、照相机、手机（或录音笔等录音设备）。

（3）确定一位与实践主题相关的访谈对象，进行面对面专访。访问前要充分熟悉其背景资料，特别是被访谈者的人生经历和社会时代背景资料。

（4）组内头脑风暴，确定通过访谈实践拟解决的问题，即通过访谈想要学习或了解研究的内容。

（5）拟定采访提纲和问题，根据需要了解的内容和采访对象的具体情况进行设计。访谈时设计的问题要详细，不要泛泛而谈，如将问题设计之后进行罗列，小组全体成员共同探讨是否内在自成体系，是否为最终的报告服务，还有没有什么漏洞。

（6）预约好访谈的时间和地点。

2. 访谈中

（1）进行访谈时，参与访谈的提问者不要超过两名，可以一名为主访谈人，一名做补充提问。

（2）在征得访谈对象同意后，进行访谈过程的文字记录和录音、录像。

（3）在访谈过程中遇到不清楚的地方要及时提问，避免主观编造和添加。同时，通过提问营造一种融洽的气氛，拉近同被采访对象的距离。提出的问题要具体细致，不要泛泛而谈，如："您的感受是什么？""您的愿望是什么？"等，泛泛地提问得到的往往是泛泛的回答，要运用层层追问的办法来挖掘故事的细节，深入了解人物的内心世界。

（4）若访谈过程中，被访谈对象未按照预定采访提纲往下进行时，主访谈人要注意访谈方向的把控，在判断被访谈对象回答是否和主题相关后灵活处理，是继续当前话题还是回到访谈提纲。

（5）对于不同的访谈对象，提问方式要有所不同，如采访一些专家学者时提出的问题就要专业一点，那样才能和被采访对象拉近距离；当遇到被采访对象文化水平比较低、表达能力比较差时，采访者要有耐心；当遇到被采访对象说话跑题时，采访者要想办法引导他回到正题等。总而言之，采访的目的是为了获得素材，采访者所有的采访技巧都应该为这一目的服务。

（6）在采访时，应学会观察：观察被采访者的环境布置，观察被采访者的外貌，观察被采访者的神态变化……这一切可以适当地在采访稿中写出来，这样文章会更加丰富有趣。

（7）全部访谈结束后，可以询问是否可以提供相关资料。

3. 访谈后

（1）整理访谈记录。要将采访现场的环境写入文章中，同时可将直接引用与间接引用相结合，如介绍人物的经历时，可用间接引用；人物自述自己的事例时，若用直接引用，采访报告会显得更加真实感人。

（2）制作课堂汇报 PPT。

（3）根据老师的指导做总体提升。

（4）撰写访谈报告和剪辑制作访谈视频（小组同学集思广益，挖掘访谈材料，推举一名主要撰稿人和视频制作人，其他同学辅助、协助完成）。

（5）将完成的访谈文章和视频寄给被访谈人，请其过目并可适当让其修改，最后将定稿寄送一份给被访谈人并表示感谢。

（6）每个同学都要撰写个人实践小结。

（三）访谈提问提纲范例

1. 建党百年，采访老党员

当初您为什么要入党？是怎样入党的？

刚入党时参加过什么活动？

作为一名党员，您对自身和社会的理解是什么样的？

您记忆最深刻的事情是什么？

对您影响最大的事情是什么？

你认为入党前后有什么差别？

入党前后对您的梦想或理想有什么影响吗？

作为老党员，对年轻人有何建议？

2. 采访创业成功人士

您的创业灵感是什么？

您的创业初心是什么？

创业过程中遇到了哪些困难？是怎样克服的？

关于创业，您最深刻的体会是什么？

您觉得您创业带来的个人价值和社会价值有哪些？

能告诉我们，您是怎样一步一步走向成功的吗？

是什么样的信念让您走向成功之路的？

您的自我评价是什么？今后的梦想是什么？

对当代年轻人的建议是什么？

3. 采访优秀校友

离开学校这么多年了，再来到学校有什么感受？

您当时在校的时候，咱们学校和现在有什么不一样的地方？

还记得在学校里发生的最难忘的事情吗？

还记得您读大学时的理想吗？

那时候确立的理想对今天有什么意义吗？

您觉得母校对您最大的影响是什么？

结合您现在的工作经历和社会阅历，您对学弟学妹们有什么话想说？

（四）访谈对象基本信息记录样表

访谈对象基本信息记录表

姓名		性别		民族		照片
出生年月		职业				
人物概述	主要经历和事迹，获得荣誉等（200字以内）					
访谈心声	最想说的一句话					
回首与期盼	对过往的回首和对当代年轻人的寄语					
访谈照片	访谈过程中的照片（1~6张）					

（五）访谈实践成果格式样表

访谈成果：视频和文字访谈

1. 视频作品

有片头、片尾、字幕；访谈过程声音清晰，光线充足；访谈过程要有节目制作的意识，主人公讲述和主持人提问以及旁白相互结合，最后加上本组成员的总结和体会；片尾包含班级、小组实践成员、指导老师等信息。

2. 文字作品样表

题目

班级：＿＿＿＿＿＿＿＿＿第＿＿＿＿＿小组

导语（访谈背景和缘起等，150~200 字）
正文（3000 字以上）
结合访谈过程讲述采访对象的故事，并将前面"访谈对象基本情况"表格中的信息融入其中。要求行文流畅，内容完整，可读性强。
小结（小组实践小结和体会，200 字以上）

附：《访谈提纲》

（六）实践活动评价标准

1. 实践报告评分标准

评分构成	分值	评分标准
访谈对象和选题	20	访谈对象是社会典型，报告选题具有非常积极的社会意义
访谈过程	20	实际进行了深入的访谈和调查工作，能围绕访谈对象的成长经历以及某些社会现象和社会问题展开
访谈分析	30	现象分析深刻、翔实，对于访谈对象成功的原因分析、理想确立对现实的指导意义等有着深入的阐述
报告结构	20	报告结构严谨，逻辑性强，语言流畅，叙述清晰
字数	10	字数 3000 字以上
总分		100

2. 实践视频评分标准

评分构成	分值	评分标准
视频内容	50	内容与主题相符，内容为原创，剧情紧凑有起伏，提出的问题有意义并具备研讨性，时长 7~10 分钟
技术处理	30	画面音质流畅，镜头平稳不抖动，衔接流畅，字幕清晰，片头、片尾完整
主持与解读	20	脱稿讲解，语言表达清楚，控场能力强，准备充分，问题分析透彻，逻辑清楚有条理
总分		100

四、实践成果范例

下面是访谈类的访谈报告、访谈提纲、访谈成果表格等，可供参考。

（一）访谈报告——《专访焦守云：父亲的美德风范如阳光雨露》

专访焦守云——父亲的美德风范如阳光雨露

焦守云：焦裕禄的女儿。

"这是我小时候打滑梯的地方。""这是我跟奶奶住的房间，冬天的时候外面点上柴火，整个屋子的地都是热的，可暖和了。"回到北崮山村的焦裕禄故居，见到守在这里的父老乡亲，焦守云兴奋得像个孩子。在焦裕禄的六个孩子中，焦守云对博山老家感情最深。两岁多的时候就跟着奶奶回到了这个青砖灰瓦的四合院，直到 1964 年的春节，

11 岁的她随父母一同离开博山去兰考。然而，就在这一年的 5 月 14 日，焦裕禄永远地离开了。焦守云难忘父亲临终前对母亲的嘱托，把儿女养大、给老人送终、不要向组织提要求、不要救济。

穿越时空的怀念

"世人都知道焦裕禄有六个子女，并且名字也为大家所知晓，其实我们的名字还有另外的故事。"焦守云说，"大姐焦守凤是在新中国成立之前出生的；大哥焦国庆一听名字就带着浓厚的时代色彩，不用说他是在国庆节那天出生的；我原名并不叫焦守云，叫焦迎建，就是迎建国家第一个五年计划的意思；我还有一个妹妹，因为她出生时哭得特别厉害，声音像铃铛一样，所以就叫玲玲，后来她参军嫌名字太娇气，为了紧跟时代，就给自己改为了守军，这一点她也的确做到了，最终她是在部队退休的；大弟出生于1958 年，正赶上大跃进，所以取名跃进；小弟也是在洛矿出生的，1960 年的口号是保钢保粮，所以叫保钢。对父亲来说，哪个孩子他都爱，没有远近之分。"

工作上兢兢业业的焦裕禄，在生活中对自己和子女也有着严格的要求。虽然焦裕禄的工资不低，但是要养活一大家子人，还要随时帮助困难群众，他自己的生活总是过得紧紧巴巴。但是对于组织上的照顾，他却坚决拒绝。一次，他在兰考县委墙上的福利救济名单上看到了自己的名字，他特意召开了机关党员大会，"我家既不在灾区，我本人又没有申请，为什么也有我？"对于自己受到照顾的事情，他态度非常坚决："分给我的救济，我一分钱也不要。"

"父亲有天很晚才回到家，发现我大哥国庆还没有回来。一问，原来是到礼堂看戏去了。大哥回来后，他就问戏票是哪儿来的钱买的，大哥说检票员看到他是县委书记的儿子就让他进去了。父亲听了很不高兴，觉得国庆是利用干部子弟的身份看'白戏'，是一种特权思想。他很严肃地教育国庆：'你小小年纪可不能养成占便宜的习惯。演员唱戏，是一种艰苦的劳动。看"白戏"是一种剥削行为，是剥削别人的劳动果实。'"说罢，焦裕禄就掏出两角钱给焦国庆，让他第二天还给戏院。

"我大姐守凤初中毕业后，母亲想让她在县委大院当个打字员，但父亲不同意，说出了校门进机关门，缺了劳动这一课。其实各种好消息都有，但都被父亲拒绝了。大姐赌气不想理他。"焦守云说。

于是，正值妙龄的焦守凤被安排进了兰考的食品加工厂当临时工，焦裕禄还对厂长说："小梅（焦守凤的乳名）到你们厂做临时工，进行劳动锻炼，要把她分配到酱菜组，这对于改造她怕脏、怕累的思想有好处。你们不要以为她是我的女儿，就对她要求不严了。"

谈及父亲焦裕禄，焦守云的言辞间满是敬佩，但其中也不乏淡淡的遗憾。从小就跟着奶奶在老家生活，虽然奶奶每年都会带焦守云去父母身边小住，但还是有些生疏。1964年春节，焦裕禄带着妻子儿女回博山老家过年。"父母这次回来，我怯生生地看着他们。高高大大的父亲微笑着，用煮好的猪肝和糖哄我：'叫爸爸，叫爸爸就给你吃。'我虽然也馋，却不吭声，一个劲儿地往门后躲。这份遗憾，永远也不能弥补了。"那一年是焦裕禄参加革命工作以后第一次带妻子儿女回老家，也是最后一次。考虑到读书的问题，焦裕禄春节过后就把焦守云带回了兰考，他们一家八口，终于生活在一起了。

"他带我们看儿童剧《马兰花》，还教我们唱：'马兰花，马兰花，风吹雨打都不怕。勤劳的人在说话，请你马上就开花。'他还带我们看电影《红孩子》，和我们一起唱主题曲《我们是共产主义接班人》。他常常教育我们爱惜粮食，经常带我们唱《我是一粒米》：'我是一粒米呀，长在田间里。农民伯伯种下我，多么不容易。'趁着我们的假期，他带我们下乡参加劳动，捡红薯、拾麦穗，然后颗粒归公。"

在焦守云的记忆中，这些时光是最美好的。"此后漫长的日子里，或者在深夜，或者在出差途中，或者在散步时，这段场景总是不由地浮现在脑海中。父亲离开我们几十年了，我们兄弟姐妹六人无论在何种岗位上，都勤勤恳恳工作，老老实实做人。父亲对我们的影响历久弥深。"

"人到啥时候都不能塌了脊梁骨。"

"所有的家人中，我对奶奶的感情是最深的。"焦守云深情地回忆道。奶奶名叫李星英，焦守云的童年时光是跟着奶奶度过的，而奶奶坎坷的一生，让她每次想起来都有说不出的心酸。

李星英嫁入焦家后，家道衰落，但这仅仅是苦日子的开始。"奶奶年轻的时候就死了丈夫，这对农村的妇女来说就是塌了整个天。"由于大儿子不知所踪，那时李星英就对焦裕禄说："禄子，你哥回不来，出殡的时候只有你给你爹顶包打瓦了。你给娘记住，人到啥时候都不能塌了脊梁骨。"不料厄运从来都不单行，焦裕禄也被日本宪兵抓走，生死未卜，李星英只能自己披麻戴孝送走丈夫。

"奶奶是对我父亲影响最大的人。她教育我父亲：'天上一颗星，地上一个丁，好男儿就要有担当。'让我父亲好好做人，不走歪门邪道。"1943年，焦裕禄受鼓动参加了一个所谓打鬼子汉奸的队伍，但发现这支队伍为了要粮要钱抓了老百姓吊打，因此他认为这支队伍"和其他汉奸土匪一样"，宁愿"全家饿死"也不能干下去，于是连夜跳墙跑了。"父亲堂堂正正的一生，受齐鲁文化影响深远，更直接受到我奶奶的言传身教。"

焦裕禄家中有6个孩子，平日里工作繁忙，焦守云和大姐焦守凤以及大伯家的两个孩子都由李星英一手带大。"奶奶毫无怨言，从来都是任劳任怨地照顾我们，农活、种菜、做饭、洗衣服，家里所有的事情她一个人都包了，也从来没听她说过累。"

2013年，中国歌剧舞剧院排练的一台歌舞剧《焦裕禄》进行全国巡演，其中一幕是焦裕禄从兰考回到老家探亲的场景：送别焦裕禄时，奶奶手里一直拿着一只小笤帚。起初很多观众不明其意，其实这个情节是焦守云和编剧沟通后加上的，因为在现实中，李星英老人确实也是这么做的。

"奶奶特别爱干净。父亲小时候每次外出回来，奶奶总拿小笤帚把他全身扫一遍，扫得干干净净。父亲的衣服虽然破，有补丁，但总是很整洁。奶奶把我打扮得也干干净净、漂漂亮亮的，她的这些美德也深深地影响了我们后代。"

李星英是裹着小脚的传统妇女，在焦裕禄被日本宪兵抓到县城时，她就靠这双小脚每隔一天走来回 70 多里的山路打探消息。后来焦裕禄被抓到抚顺，她亦忍着心中巨大的折磨与悲痛支撑起整个家庭。不久焦裕禄又随军南下，参军时刻有牺牲的危险，李星英深明大义，遵从儿子志愿参军的意愿，折射出这个女人的坚强与无私。

常年的过度操劳让焦裕禄的肝病到了无法挽救的地步，李星英的心又提了起来。在医院里看到焦裕禄被病魔摧残的面容以及疼痛的模样，她心如刀绞。但是她一直安慰着自己的儿子："没有什么治不好的病，我们回家治病。病治好了我还给你纳千层底穿。"

尽管不愿意承认儿子的病是不治之症，可最终病魔还是夺走了焦裕禄的生命。李星英强忍内心的巨大悲痛，白发人送黑发人。"奶奶陪着母亲把丧事办完，那个时候她一滴眼泪也没掉，也没听奶奶说过什么。可她回家的时候，刚下八陡火车站，一下子就瘫软在地，手抠着黄土，放声大哭'我的儿呀，我的儿呀，我的儿'，撕心裂肺，谁都劝不住。有人问她，为什么当时不哭，回到家却要哭。她说：'俊雅还年轻，又带着六个孩子，将来所有的事情还要靠她一个人，我要是在那里大哭，俊雅该怎么活呀！'"

焦裕禄英年早逝成了李星英心中无法治愈的伤痛，在焦裕禄去世后几年的时间里，她的心情一直没有缓过来。焦守云说："土改时，我家分到一个桃园，里面有个破窑洞，父亲刚去世的那段日子，每到傍晚的时候，奶奶因为思念他，一个人跑到窑洞里大哭，哭得特别悲痛，村里的人听到了，想去劝劝她，可又觉得让她哭出来更好。"

1966 年，新华社发表长篇通讯《县委书记的榜样——焦裕禄》后，焦裕禄的事迹为全国所知。全国各地的人，一拨又一拨地跑到博山探访英雄的故居。"那个时候奶奶也感受到了一些慰藉，还有国外友人仰慕父亲的事迹跑到崮山。他们去了之后，都要听奶奶讲东讲西，更多的是陪着奶奶照张相。那个时候虽然父亲不在了，但在奶奶心中，这个儿子是多么令她骄傲啊！"

这个劳累一生的小脚女人不仅撑起了整个家庭，而且也培养出焦裕禄这样优秀的人民公仆，就连她自己的身后事也响应政府的提倡，进行了火化。正如焦守云所说："中国妇女的优秀品质，在我奶奶身上都能体现出来。"

寂寞的守望者

关于焦裕禄与徐俊雅的爱情故事，大众一直颇为好奇。焦守云说："母亲外冷内热、不爱说话，和母亲在一起的时候，我也会向她打听往事，对他们的爱情大概也能描绘出一个轮廓。"

1950年6月，尉氏县选招一批人到河南省团校参加培训，焦裕禄就负责管理这些学员。焦裕禄打小就对乐器非常熟悉，出演歌剧《血泪仇》的故事也广为人知，才华横溢的他很快就吸引了徐俊雅的注意，两人因此展开了交往。由于焦裕禄大徐俊雅八九岁，而且两家的距离太远，这段恋情一开始遭到了焦守云姥姥的阻挠。不过幸而姥爷对焦裕禄非常欣赏，两人得以结为连理。

"尽管姥姥不是很满意，但母亲是个拗脾气，就认定了我父亲，还是和他领了结婚证。结婚那天，父亲拉二胡，母亲唱《小二黑结婚》中小芹的台词，引来众人的喝彩。"焦守云还谈到母亲一辈子都不能释怀的一件事情。婚礼举办得十分仓促，"她想绣一对鸳鸯枕头，不料时间太赶，还不好意思，只能躲到阁楼上面绣，结果只绣出了一只。当父亲英年早逝后，在40多年守寡的日子里，母亲总会懊恼当年为什么没有绣出两只枕头来。她总认为绣一只枕头不吉利，仿佛父亲早逝与它有关。那是她一辈子最后悔的事。"

虽说焦裕禄一生都在为事业奔波劳碌，夫妻二人聚少离多。但在大连车间进修的那段时间中，夫妻二人度过了一生中最快乐的时光。"母亲给父亲买了一套黑呢子干部装，这也是他穿过的最好的衣服。为了接近苏联专家，父亲学会了跳舞。他瘦高个，悟性高，跳起舞来风度翩翩。苏联专家都夸他'你一个拉牛尾巴的，舞也跳得这么好。'母亲也很时尚，烫了头发，穿上了时髦的布拉吉。"焦守云说，"这段生活经历，母亲回忆起来总是陶醉其中。母亲对我们讲：'你爸爸一生没享过福，最好的日子都是在大连度过的。'"

天总不遂人愿，幸福快乐的时光又是如此悄然易逝。焦裕禄因病去世的时候，徐俊雅才33岁，还带着六个孩子。安葬完自己的丈夫，她一反往常地坐着县委仅有的一辆吉普车回到县委家属院，要知道这种事在焦裕禄生前，是根本无法想象的。"父亲特别公私分明。有时母亲到食堂打壶水他都不同意，说你是县委书记老婆，人家把水烧开你去提着用，人家都学你不乱套了，你不能带这个头。"

内心巨大的悲痛让徐俊雅暂时遗忘了自己和丈夫的"约法三章"，"母亲一下车，几乎院子里所有人都听到了她的哭声。我就赶快往外跑，听见母亲从外院哭到里院，哭得惊天动地，可我还不知道是怎么回事。跟她进屋后，大家一把把我的红头绳给拽了下来，然后就在做针线活的簸箕里找了个白布条给我扎上了。母亲把我搂过去说：'你爸没了，你可要好好学习啊。'"

1966年，关于焦裕禄的长篇通讯发表后，徐俊雅更加触物伤情，每每看到便泪流满面。"多年来，看过她最多的场景，就是对着我父亲的遗像流眼泪。每次搬家，她首先要把父亲的遗像擦干净，再抱到屋子里。"

焦裕禄的去世让焦家的生活愈发捉襟见肘。"文化大革命"时期，徐俊雅需要每天做报告，作一场哭一场，下来后被红卫兵簇拥着，出来哗哗啦啦的一身毛主席像章。将徐俊雅送回家中，很多红卫兵就把他们的红袖章和战旗送给焦家。因为家里实在不宽裕，徐俊雅就用汽油把那些字脱掉，做成褥子用。

据焦守云回忆，"父亲走后几年，全家就没添过新衣服。但我们几个正是长个子的节骨眼儿，母亲就把父亲生前的衣服拿出来，剪剪裁裁弄成小一号给我哥哥穿。她一拿起那个衣服来，心里就难受，剪刀抖抖抖的。晚上我们都睡觉了，她睡不着就做活。"

徐俊雅后来担任兰考县副县长，也任过兰考县人大常委会副主任。作为干部，无论是在大会上发言还是和领导讲话，她都应付自如。但她依然不喜欢说话，尤其不喜欢说违心话。曾有个节目要对她作访谈，有些台词是提前编好，需要她背下来回答，她觉得有些话未必是真话不肯照说。她就说："咦！怎弄这，我说不成。"

作为一名干部，徐俊雅言出必行，一旦答应某件事情，就一定会办好，从来不故弄玄虚，虚以对人。对于很多跟她跑官、要官的事儿，徐俊雅做不来也从来不做。虽然盼望子女们上进，但是她从来不会替自己的孩子说话。她教育自己的儿女们："你们做不好，别人只说这是焦裕禄的孩子，而不说是徐俊雅的孩子。"这句话成了焦家儿女的警示牌，多年来他们兄弟姐妹几个都恪守家风，生怕给父亲惹尘。

生活中的徐俊雅在女儿焦守云的眼中，是非常随和可爱的。"她在家里喂鸡、养花、种菜，什么都干。有时候她记性不好，就像个小孩子需要被照顾。"晚年的徐俊雅唯一的爱好就是打打麻将，每次和老太太们打完麻将散场，大家回家做饭的时候，都会顺便带点徐俊雅菜园里她自己种的菜。"晚年的母亲依然选择住在县委大院，之所以这样，主要是为了离我父亲的纪念园近点儿，方便怀念。每天一早一晚，她都会去园子里，走走路，说说话，练练八段锦，有时候也会跟老太太们去附近的麦地里挖些野菜。"

"2005 年的春节，母亲是在我家过的，那是她过的最后一个春节。她喜欢绿色，我和弟媳就扯了块绿缎子，给她做了件棉袄。40 年前，父亲带着她和孩子们寻根问祖，看养育他的山山水水，想必母亲也一定想起了这段往事。"一晃徐俊雅已经离开子女十余载了。这个沉默的母亲，用自己的宽容与坚强撑起了整个焦家，也用行动书写了焦裕禄精神。

　　——选自陈巨慧、张华艳：专访焦守云——父亲的美德风范如阳光雨露，澎湃新闻，
　　2020 年 10 月 14 日

（二）访谈报告——《志愿军老战士李相玉：最难忘的是一枚救命战友的胸章》

志愿军老战士李相玉：最难忘的是一枚救命战友的胸章

李相玉，1932年生，辽宁省法库县人。1945年9月参加东北民主联军。1946年被分配到东北民主联军第3纵队（后改编为第40军），1950年随第40军参加了抗美援朝战争。志愿军凯旋后到北京第一坦克学校学习，后任坦克部队指导员、教导员。现为铁岭市作家协会会员，铁岭市历史协会理事，铁岭市关工委老干部报告团报告员。出版有《张闻天通信员的故事》等十余本书籍。

第一批进入朝鲜战场，停战后帮助当地修复基础设施后再回国……全程经历抗美援朝战争的老兵李相玉，在烽火中淬炼出不凡人生。

现如今88岁的李相玉已有些腿脚不便和视力问题，但1.8米的个头，依然挺拔的身材，仍透露着军人气质。

1932年出生在沈阳法库县的李相玉，13岁参军，21岁入党，曾任张闻天通信员、韩先楚警卫员，经历过解放战争、抗美援朝战争，青少年时期都在枪林弹雨中度过。

两水洞首战告捷

李相玉5岁时，父亲上山打猎，被日本兵抓走后去世。12岁时，家贫吃不上饭，他逃荒到了离黑龙江省佳木斯市40里的一个小村子，靠给地主家放牛为生。13岁时，还没有步枪高的他加入了东北民主联军。

李相玉跟随东北民主联军第3纵队，从东北打到河北，再一路南下经过河南、湖北、湖南、广东、广西，一直到解放海南岛。还沉浸在解放海南岛的喜悦中时，第40军就接到上级命令，改道返回东北安东（现辽宁省丹东市）。

"战争（爆发）过去70年了，但对当年参战的志愿军来说却永远忘不了。"讲述起抗美援朝战争，李相玉短暂地停顿了一下，似乎是在斟酌从何处讲起。

志愿军跨过鸭绿江后的第一仗是在哪天打的？在什么地点？由哪一支部队打的？李相玉是见证者。

"抗美援朝第一仗是由志愿军第40军118师打的，在温井与两水洞之间的公路上，采取拦头、截尾、折腰的做法，只用一个小时就把南朝鲜（今韩国）一个营消灭了。"李相玉介绍说，这场仗由118师师长邓岳指挥。10月25日，队伍埋伏在两水洞两侧的山上和路沟里，等敌人到预定地点后，志愿军战士们突然从两边冲出，一排排手榴弹在敌人的汽车上爆炸，有些敌人跳下车来抵抗，有的都吓傻了，猫在石头后面躲避，不到一小时，敌人都被解决了。

"一个遗憾是，敌人的几十辆汽车都着了火，我们的战士不会驾驶汽车，没法把这些战利品留下来。"

以此为开端，志愿军边开进边歼敌，13 天内共消灭敌人 15000 人，赢得了入朝作战的首场胜利，并将"联合国军"打回到清江川以南地区。

"军毯救了我一命"

抗美援朝战场上，志愿军为了战胜敌人，保存自己，在大山中遍地挖防空洞，作为战斗间隙藏身之处。

"美国飞机太多了，早上天一亮，四架飞机就接连飞过来，一顿狂轰滥炸。等另外四架来接班了，这四架才飞走，一天飞机不断。"李相玉说，他在朝鲜的 1000 多天里，住防空洞 800 多天，是防空洞保护了自己的生命安全。

"蹲防空洞也挺有意思，洞和洞相隔一米多远，除了睡觉，大家也总是隔着距离唠嗑，讲故事，吹口琴，唱歌，热热闹闹。"

李相玉常给孙子辈讲起防空洞的故事："战争胜利了，防空洞是取得战斗胜利的重要因素。现在我们住的暖气楼，又干净又漂亮，千万不要忘记当年住的又潮又湿的防空洞。"

在物资匮乏的战争前线，一条军毯、一个茶缸都让战士们感受到祖国的温暖，保卫祖国的决心更加坚定。"一次伏击战，我们一宿没睡，将 30 多个敌人一举歼灭，天亮回营后正好赶上发放慰问品。"李相玉说，慰问品每人一份，包括一条军毯、一包糖块、一个茶缸。茶缸正面写着"赠给最可爱的人"，下面写着"中国人民赴朝慰问团赠"，上面还绘有和平鸽图案。

李相玉舍不得盖这条军毯，铺在地下怕沾上草沫子，盖在身上怕防空洞漏雨弄湿了。他把军毯叠得四四方方放在枕头边上，越看越高兴，越看越温暖。

这条军毯也救过李相玉的命。"一次夜间行军时，敌机打照明弹袭击我们，一块 4 厘米宽、12 厘米长的弹片，打在我的背包上，当时我只觉得背后挨了一下打，没有感觉到疼。到了宿营地，发现外边的被子已经被打了个大洞，如果没有毛毯挡着，后背也会被打个洞，是毛毯救了我一命。"

在朝鲜，李相玉还经历了细菌战。当时，李相玉和战友们正在掩体内休息，一架飞机飞到附近，扔下多个大包，散落在雪地上。"我们以为是宣传品，上级规定，见到敌人宣传品用火烧。"等李相玉和战友们跑到跟前一看，几个大包里不是什么宣传品，而是苍蝇、蚊子、蟑螂、老鼠。"我们立刻报告了首长。首长指示，这是带细菌的有毒动物，赶快消灭掉，并指示卫生营官兵出动，捡些样品化验，又让我专门通知战地摄影干事王云阶去拍照，留下铁证。"

经过一个多小时的抽打，战士们把敌机扔下的有害动物都打死了。"但我们部队也有好几名同志受到了细菌的毒害。通信员吴天力在送信途中走到细菌所在区被感染，第二天他浑身红肿，腿肿得很粗。他在回国治疗的途中牺牲了。"

与离散战友"喜相逢"

多年征战，李相玉荣获了十多枚功勋章，但他最难忘的却是一枚战友的志愿军胸章。"胸章相当于每名志愿军指战员的身份证。"李相玉说，"这枚胸章长约2寸，宽约1寸，用红色粗线将两层白色帆布缝合而成，正面写有'中国人民志愿军'，背面是姓名、职务及部队番号。"

"这枚胸章是我们排长、我的救命恩人周凤岐的。"1952年，在坚守一个高地的战斗中，李相玉和周凤岐并肩射击，突然从左侧冒出三个敌人，周凤岐眼疾手快，射倒了敌人，但却被正面射来的子弹打中了。"我爬到排长身边，他一睁眼就大喊一声'打敌人，不用管我'。他扯下自己的胸章，跟我说，胸章后面有我家地址，等停战后给我家去封信，就说我尽忠了。"李相玉接过胸章，又投入战斗，战斗结束了，却没了周凤岐的下落。

战场上，这枚胸章成了李相玉最珍贵的收藏。他用从被击落的美军飞机降落伞上扯下来的红绸布，把胸章左一层右一层包了五六层，在贴身军衣上缝了个兜揣在里面，希望有一天能替战友回家乡看望父母。

在战场上，这样的"托付"每天都在发生。"我有五个妈妈。"李相玉告诉记者，一位是亲妈，四位是干妈，这四位都是战友们的妈妈，他们在战场上牺牲了，把父母托付给自己，自己当全力尽孝。

令李相玉惊喜的是，他从部队转业回铁岭市后，打听到周凤岐并没有牺牲。周凤岐被抢救下来后，成了二等甲级残疾军人，也在铁岭工作。两位老战友又在铁岭"喜相逢"了。

在社区传承红色精神

1953年停战后，志愿军暂不回国，帮助朝鲜恢复建设。

李相玉所在的第40军，负责修复丰山贮水池。志愿军出动了4万余人，又在国内请来技术人员、后勤人员等千余人，经过两个多月的苦战，终于按时完成了任务。在数万朝鲜人民的洒泪欢送下，李相玉和战友们胜利回国。

回国后的李相玉，到北京第一坦克学校学习了4年，到坦克部队开上了坦克。

1980年，李相玉把三代单传的孙子也送去参军入伍。"孙子穿上军装可精神了，让我想起自己当兵的年代。我之所以执意叫孙子当兵，是因为我认准了解放军是全心全意为人民服务的军队，把我从一个山沟里的放牛娃培养成党员和革命干部，全家过上幸福生活，对我恩重如山。"

离休后的李相玉也没闲着。"家人都说，我现在应该打打扑克、下下象棋，享受晚年生活了。但我觉得，一个共产党员，就是要'将革命进行到底'。"他找到街道，在社区书记岗位上一干就是七年，修建了小广场，成立了社区秧歌队，还建立了一个婚姻介绍所，所在社区年年被评为先进社区。

社区换年轻人后，闲不住的李相玉参加了铁岭市关心下一代工作委员会组织的各项工作，担任多所学校的校外辅导员。他给孩子们讲述解放战争、抗美援朝战争中的英雄事迹，还帮助学校把一些"网瘾"少年拽回课堂。

经常讲英雄故事的李相玉想把这些英雄人物和战争胜利的事例写出来。离休后，他相继出版了《张闻天通信员的故事》《希望的田野》《龙山凯歌》等十余本书籍，还在《解放军报》《辽宁日报》等报纸上发表稿件 500 余篇。"我是不能永远讲下去的，把这些红色故事记载下来，就是要告诉我们的子子孙孙，我们的胜利来之不易，应该好好珍惜、爱护和发扬。"

回首烽火岁月，李相玉感慨无限。"祖国越来越强大，大家的日子越过越幸福。自己恨不能再回到年轻时，再当一次兵报效祖国。"

　　——选自王莹：志愿军老战士李相玉：最难忘的是一枚救命战友的胸章，《参考消息》，2020 年 9 月 11 日

（三）访谈报告——《王森：扬起绿色人生的风帆》

王森：扬起绿色人生的风帆

导语：在自主创业大军中，每个创业者都有自己的创业之路，有着自己的故事，但王森的道路更为独特，因为从一开始，他就把自己的事业和公益联系在一起，并乐此不疲；而且，他的环保、公益，并非简单的一次活动，而是把它作为一份事业，去策划、组织、经营、管理。从这种独特的环保与创业之路，我们看到的是一个带有使命感和事业心的新时代年轻人。

个人简介：王森，男，浙江湖州人，浙江万里学院电子信息学院 2007 届毕业生。在校期间，曾获得"绿色中国年度人物"提名、"浙江省绿色公益使者""浙江省十佳环保志愿者""浙江省优秀毕业生""浙江省优秀学生社团干部""浙江省暑期社会实践省级先进个人"等荣誉称号。现任宁波德森控股有限公司董事长、浙江万里学院大学生创业导师。

走上环保之路，源自一次实践

"我不是从小就关注环保的，只是在'环太湖行'后，才意识到我们这一代人，确实应该做点什么。"当被问到"为何走上环保之路"时，王森略加思索后，认真地说。

2004 年 7 月，王森带领着一支由 16 名万里学院学生组成的实践队开始了环太湖徒

步考察，他们的目的是对太湖进行水质调研。7 天的行程中，实践队克服种种困难，环太湖徒步经过了湖州、长兴、无锡、马山、苏州等地。

在走完 291 千米的行程后，他们从全流域的角度分析了太湖水质，发现靠近苏州的东太湖和靠近无锡的西太湖水质有很大的不同，东太湖水质明显优于西太湖。而且，在马山、西山等地区，太湖富营养化很严重。

"该湖每年创造经济利益几千个亿，却承载着难以想象的压力——富营养化。"在为这一难以想象的现实感到震惊的同时，王森做出了一个重要的决定：作为当代大学生，要为环保贡献一份力。

于是，王森返校后开始大量阅读环保方面的书籍，通过查找互联网上海量的信息，决定通过非政府民间环保组织，传播环保知识，将环保意识植入人心。

创办千人社团，壮大草根力量

作为一名学生，要成就一番公益事业，其困难可想而知，但出于对环保事业的热爱和"向困难永不妥协，对希望永不放弃"的信念，王森，一位普通的万里学子，承担起了一般人不愿意，甚至是不屑或不敢承担的责任。他的执着令人钦佩，他身上显现出了万里精神：只要有 1% 的希望，就要尽 100% 的努力。

王森明白，作为公益事业，单靠一己之力是无法完成的，而环保，必须有更多人的参与和支持才能真正落实在实处，尤其加强人们的环保意识，才是关键。经过认真思考，王森制定了从身边做起，联合"草根"力量，让更多同学参与进来的初步行动计划。暑假结束后，他着手创办千人社团唤青社。王森的环保计划，得到学校、老师和同学的积极支持和响应，在多方共同努力下，唤青社顺利成立。

社团的成立仅仅是个开始，在王森看来，要把事业做大，就必须好好经营。他认为社团的运行也是一种经营，他尝试用公司的管理和运行模式去经营社团，并用社会的标准来严格要求自己和同学们所做的工作；同时他也要求大家全力以赴、敢于创新，这些管理方式的尝试，为他毕业之后的发展做了铺垫。

短短一年时间的努力，王森的社团开始不断壮大，由一个院级的社团，发展成为一个以校级唤青社为核心，四个院级分社为分支的综合性社团，成为浙江万里学院历史上最大的完全由学生运营的社团。从最先的几十人，唤青社一步一个脚印发展成为一支浩浩荡荡的 2400 人的环保大军。

唤青社从万里校园里异军突起，成为中国高校学生社团成功发展的典型。作为首批加入国家环保总局（中华人民共和国环境保护部的前身，现已撤销）、中国环境文化促进会绿色中国青年论坛的社团，也获得了浙江省优秀学生社团、浙江省优秀环保社团、设计师青年志愿者杰出集体等荣誉。在省内，唤青社也与多所高校环保协会，多家社团或非政府组织 NGO 机构建立长期友谊关系。

不懈的努力，执着的追求，开始结出丰硕的成果。在王森及其团队的影响下，接受他的环保理念的人也越来越多了，社团里的会员都知道竹子的生长周期短于树的生长周期，所以尽可能选用竹筷、购物时自备环保布袋，他们都会把环保理念寄于生活之中。

而王森及其唤青社的环保行动，也得到了社会的广泛认同。"唤青社"不仅是浙江万里学院里最有名气的社团之一，更是宁波众多大学学生社团中最有影响力的一个。他带队远赴太湖、贵州进行徒步环保考察，他们精心调查绘制的"宁波绿色生活地图"获得各界人士的肯定，其创意也荣获浙江省环保创意大赛评委会大奖。此外，组建"它世界"护卫队、清除牛皮癣、保护"母亲河"等活动，都受到了社会的广泛赞誉。

在 2005 年"绿色中国年度人物"的评选中，浙江万里学院学生王森获得提名。

走在环保路上的他，已不再孤单。他的行动唤起了"草根"们的环保意识，得到了社会的广泛认可。

创业士气十足，力争中国"雷格斯"

鄞州南部商务区华越国际大厦，12 层的写字楼，全部由宁波汇富商务有限公司承租，而这家公司的创始人，则是刚刚走出校门的 80 后青年王森。王森带领公司主打品牌，从事室内装修、物管到财务等业务。王森想把自己的公司做成宁波甚至全国的"雷格斯"。雷格斯，是全球最大的办公空间解决方案供应商，其广泛的产品和服务范围使个人和企业可以随时随地以任何形式办公。

2007 年走出校门后，王森便走上了创业之路。转型速度快，这是他对自己的评价。

王森在短暂的饮食业运营之后，不满足于它的"不可复制性"，于是特地到香港去寻找商机，"雷格斯"在香港的项目令他大开眼界。"服务式商务中心，这个概念很新，也很吸引人。"王森觉得，这在宁波一定会有拓展空间。鄞州汇亚国际第 27 层，这是王森承揽的第一个项目。"最开始思路简单，就是招商。"在他们的运作下，短短三个月，1500 平方米的办公场地入住率就达到 80%。全新的理念得到多数人认可，令王森信心大增。2012 年，王森又在南部商务区健辰大厦承租了两层楼；2013 年 3 月，承揽华越国际大厦的招商、招租业务。王森看到企业对物业、服务外包代理等方面需求越来越多，为此，他成立了"名邦物业""宁邦建筑""瑞祥会计"等子公司。

"我们想做宁波甚至中国的'雷格斯'"。根据计划，公司会在年内推出秘书、翻译、接待等业务，为客户开展打包服务。目前，该公司还与南部商务区的两幢新楼宇进行了承租签约。王森相信自己一定会在服务式办公室领域走得更远。

2014 年 5 月 16 日，浙江万里学院 2014 年度"科技万里"暨第六届创业文化节开幕式在钱湖校区学生协同创新中心成功举行。此次活动以"'护水使者'话创业、'五水共治'蕴商机"专题座谈会为中心展开，王森受邀参加活动。

在会上，王森结合自身经历，提出"公益创业"这样的新时代热点，并指出治水就是很好的投资，要将创业实践和具有经济文化社会意义的发展战略相融合。同时，他也邀请同学们共谈"五水共治"中当代青年的责任与行动，探讨其中蕴含的商机。

王森在向学弟学妹传递环保意识和创业经验时，也开始思考着下一个发展的起点。

后记

创业是大学生气魄和勇敢的结晶，选择了创业就等于选择了跑马拉松比赛，大学4年的学生干部经历给了我很多工作经验，我曾经运用管理公司的模式来运营社团，包括唤青社的轰动一时，这些经验都是我创业成功的基石。在创业过程中，企业取得阶段性成功，最大的秘诀是替客户省钱。创业不是度假旅游，而是开辟一条新路子，闯出一片新天地。既然你已经选择好路，那就勇敢接受途中酸甜苦辣的洗礼吧，关键在于你是否能从每次创业失败或者挫折中反思和总结，并形成创成业、创好业的方法。另外，不要盲目复制，更不要惧怕被复制，就像我们的服务式商务中心从美国引入宁波，不是原版照搬，而是结合宁波写字楼的特点重新开发。创业者要达到成功彼岸，务必要挑战自我，历练勇于承担责任、甘于付出、求真务实、永不言败及激情开拓的做人做事的精神。我相信，创业者所到达的彼岸肯定比旅游者的更精彩。

——选自蒋建军：《创新创业创青春》，浙江大学出版社 2015 年版

第三节 知识回顾与运用

一、单选题

1.（   ）被喻为精神"之钙"。

    A. 思想观念   B. 人生价值   C. 道德素质   D. 理想信念

2.（   ）是我们的共同理想。

    A. 中国特色社会主义   B. 共同富裕

    C. 共产主义   D. 殷实生活

3. 理想信念由理想和信念两个概念结合而成，包含了理想和信念各自的含义，其中，理想是（   ）。

    A. 人们在社会生活中应该遵循的行为规范的总和

    B. 人们在实践中形成的具有实现可能性的对未来的向往和追求

    C. 人们在改造世界的过程中形成的对于自我和世界的认识

    D. 人们在一定的认识基础上确立的对某种思想或事物坚信不疑的态度

4. 理想信念由理想和信念两个概念结合而成，包含了理想和信念各自的含义，其

中，信念是（　　　）。

  A. 人们在一定的认识基础上确立的对某种思想或事物坚信不疑的态度

  B. 人们在实践中形成的具有实现可能性的对未来的向往和追求

  C. 人们在社会生活中应该遵循的行为规范的总和

  D. 人们在改造世界的过程中形成的对于自我和世界的认识

5. 理想既来源于现实，又超越现实，具有（　　　）。

  A. 可能性   B. 预见性   C. 完美性   D. 超越性

6. 理想，是人们在实践中形成的，具有（　　　）的对美好未来的追求和向往，是人们的政治立场和世界观在人生奋斗目标上的体现。

  A. 实现可能性 B. 实现必然性 C. 不可实现性 D. 超越客观性

7. 实现理想的思想基础是（　　　）。

  A. 正确认识理想与现实的关系

  B. 确立正确的理想和信念

  C. 正确对待实现理想过程中的顺境与逆境

  D. 认清实现理想的长期性和复杂性

8. 检验信念正确与否、科学与否的唯一标准是（　　　）。

  A. 真诚信仰   B. 科学理论   C. 主观愿望   D. 社会实践

9. "现实是此岸，理想是彼岸，中间隔着湍急的河流，行动则是架在川上的桥梁。"这个比喻表达的是（　　　）。

  A. 理想要变成现实，必须经过人们的实践和辛勤劳动

  B. 理想来源于现实，等同于现实

  C. 只有经过实践检验，成为现实的理想才是科学的理想

  D. 只要投身实践，任何美好想象都能成为现实

10. 一个人如果没有崇高的理想或者缺乏理想，就会像一艘没有舵的船，随波逐流，难以顺利到达彼岸。这主要说明了理想是（　　　）。

  A. 人们的主观意志和想当然

  B. 人生的指路明灯

  C. 人们对未来缺乏客观根据的想象

  D. 人们对某种思想理论所抱的坚定不移的观念和真诚信服的态度

11. 邓小平曾经指出："为什么我们过去能在非常困难的情况下奋斗出来，战胜千难万险使革命胜利呢？就是因为我们有理想，有马克思主义信念，有共产主义信念。"由此可见，理想信念是（　　　）。

A. 人们的丰富想象   B. 人们的主观意志

C. 人生的精神支柱   D. 人生的现实境遇

12. 人们在一定的认识基础上确立的对某种思想或事物坚信不疑并身体力行的态度是（　　　）。

    A. 意志   B. 信念   C. 情感   D. 理想

13. 实现理想的根本途径在于（　　　）。

    A. 躬行实践   B. 坚定信念   C. 勇于创新   D. 读书学习

14. 中学时代立下"为中华之崛起而读书"志向的是（　　　）。

    A. 孙中山   B. 毛泽东   C. 周恩来   D. 朱德

15. （　　　）曾激励广大青年：要立志做大事，不要立志做大官。

    A. 邓小平   B. 毛泽东   C. 周恩来   D. 孙中山

16. 以下关于理想表述错误的是（　　　）。

    A. 理想是人的主观能动性与社会发展客观趋势的一致性的反映，是人们在正确把握社会历史发展客观规律的基础上形成的，因此理想必然可以实现

    B. 理想带有时代的烙印，在阶级社会中，还必然带有特定阶级的烙印

    C. 理想之所以能够成为一种推动人们创造美好生活的巨大力量，就在于它不仅具有现实性，而且具有预见性

    D. 实践产生理想，理想指引实践，理想与实践的相互作用推动着人们立足现实、着眼未来，在奋斗中追求，在追求中奋斗

17. 现阶段我国各族人民建设中国特色社会主义的共同理想和我们党建立共产主义社会的最高理想，属于人生理想中（　　　）的内容。

    A. 职业理想   B. 生活理想   C. 政治理想   D. 道德理想

18. 理想和现实的统一性表现在（　　　）。

    A. 现实是理想的基础，理想是现实的未来

    B. 理想就是现实

    C. 有了坚定的信念，理想就能自动变为现实

    D. 理想总是美好的，而现实中既有美好的一面，也有丑陋的一面

19. 以下关于理想、幻想、空想的表述正确的是（　　　）。

    A. 知识渊博的人具有崇高的理想，而空想、幻想则源于无知

    B. 理想是个人对幻想、空想的改进

    C. 理想是永恒的，幻想和空想可以随时间的变化而变化

    D. 理想源于实践，具有实现可能，是对未来的向往和追求

20. 一般来说，（　　）有盲目和科学之分。盲目的信仰就是对虚幻的世界、不切实际的观念、荒谬的理论等的迷信和狂热崇拜，科学的信仰则来自人们对自然界和人类社会发展规律的正确认识。

  A. 信念   B. 理想   C. 信仰   D. 意志

二、多选题

1. 共产主义理想的实现具有（　　）。

  A. 长期性   B. 艰巨性   C. 曲折性   D. 空想性

2. 大学生实现人生理想必须做到（　　）。

  A. 立志当高远   B. 立志做大事

  C. 立志须躬行   D. 始终以自我为中心

3. 在追求理想的过程中，面对理想和现实的矛盾，应该（　　）。

  A. 充分认识理想实现过程的长期性、曲折性和艰巨性

  B. 既看到理想与现实矛盾冲突的一面，又看到它们相一致的一面

  C. 用理想的标准来衡量和要求现实

  D. 不加分析地全盘认同当前的现实

4. 关于信念，论述正确的是（　　）。

  A. 信念是认知、情感和意志的有机统一体

  B. 是人们在一定认识基础上确立的对某种思想或事物坚信不疑并身体力行的心理态度和精神状态

  C. 信念是对理想的支持，是人们追求理想目标的强大动力

  D. 信念具有高于一般认识的稳定性

5. 大学生坚定马克思主义信仰，最重要的是（　　）。

  A. 学习和掌握马克思主义的立场、观点、方法

  B. 确立正确的世界观和历史观

  C. 准确把握时代发展潮流

  D. 以科学的理想信念指引人生前进的道路和方向

6. 以下对长征描述正确的是，长征途中，英雄的红军（　　）。

  A. 纵横十余省，长驱二万五千里

  B. 同敌人进行了 600 余次战役战斗

  C. 跨越近百条江河，攀越 40 余座高山险峰

  D. 穿越了被称为"死亡陷阱"的迷茫草原

7. 我国著名诗人流沙河这样描述理想："世界上总有人抛弃了理想，理想却从来不抛弃任何人。给罪人新生，理想是还魂的仙草；唤浪子回头，理想是慈爱的母亲。"这说明理想对人生具有（　　　　）的作用。

    A. 提供前进动力　　　　　　　　　　　B. 昭示奋斗目标

    C. 决定能否成功　　　　　　　　　　　D. 提高精神境界

8. 以下描述与"中国天眼"相关的有（　　　　）。

    A.2021 年 3 月 31 日，中国天眼正式向全球天文学家开放

    B. 天眼项目的首席科学家是南仁东总工程师

    C. 天眼坐落在贵州的平塘县

    D. 它是世界上最大的球面射电望远镜

9. 对云南省丽江市华坪女子高级中学校长张桂梅描述正确的是（　　　　）。

    A. 她生于黑龙江省牡丹江市

    B. 她曾获得"全国优秀共产党员"称号

    C. 她是全国脱贫攻坚楷模

    D. 她被授予"七一勋章"

10. 大学生在中国梦的实践中放飞青春梦想，应该做到（　　　　）。

    A. 立志当高远　　　　　　　　　　　　B. 立志做大事

    C. 立志须躬行　　　　　　　　　　　　D. 立志应从己

11. 以下关于"志不求易者成，事不避难者进"的说法正确的是（　　　　）。

    A. 出处是《后汉书·虞诩传》

    B. 一个人立的志向应不贪求容易实现的目标

    C. 一个人立的志向应首先追求容易实现的目标

    D. 做事应不回避困难，即人们应志存高远，并且知难而进

12. 以下关于董必武描述正确的是（　　　　）。

    A. 他曾经是毛泽东的老师　　　　　　　B. 他是中共一大代表

    C. 曾任中华人民共和国副主席　　　　　D. 早年参加过中国同盟会

13. 马克思主义以科学的理论为最终建立一个（　　　　）的理想社会指明了方向。

    A. 没有压迫　　　　B. 没有剥削　　　　C. 人人平等　　　　D. 人人自由

14. 以下对蔡和森描述正确的是（　　　　）。

    A. 他最早提出了"中国共产党"这一名称

    B. 他曾经到法国勤工俭学

    C. 他是毛泽东的好朋友

D.他曾经在湖南省立第一师范学校学习

15.一百年来，中国共产党团结带领中国人民进行的（　　），归结起来就是一个主题：实现中华民族伟大复兴。

A.一切奋斗　　　B.一切牺牲　　　C.一切创造　　　D.一切尝试

三、简答题

1.请简述理想信念的内涵与特征。

2.如何认识个人理想与社会理想的关系？

3.如何认识理想与现实的对立统一关系？

四、应用题

采访归来，我们发现每个人身上都会有自己的闪光点，学会欣赏别人，不但可以促使自己成长起来，也可以让别人感受到有价值。从身边找出目前最熟悉的 5 个人，尝试发现和学习他们的长处，并转化为实现自己理想的方式之一。

参考答案

一、单选题

1—5：DABAD　6—10：AADAB

11—15：CBACD　16—20：ACADC

二、多选题

1.ABC　2.ABC　3.AB　4.ABC　5.ABCD

6.ABCD　7.ABD　8.ABCD　9.ABCD　10.ABC

11.ABD　12.BCD　13.ABCD　14.ABCD　15.ABC

三、简答题

1.答：理想是人们在实践中形成的、有实现的可能性、对未来社会和自身发展目标的向往与追求，是人们的世界观、人生观与价值观在奋斗目标上的集中表现。理想具有超越性、实践性、时代性等特征。信念是人们在一定的认识基础上确立的对某种思想或事物坚定不移并身体力行的精神状态。信念具有执着性、多样性等特征。

2.答：坚持个人奋斗目标与国家、民族的奋斗目标相统一，把个人理想融入社会理想之中，在为实现社会理想而奋斗的过程中实现个人理想，这是大学生成长成才的必由之路。个人理想是指处于一定历史条件和社会关系中的个体对于自己未来的物质生活、精神生活所产生的种种向往和追求。社会理想是指社会集体乃至社会全体成员的共同理想，即在全社会占主导地位的共同奋斗目标。个人理想与社会理想的关系实质上是个人与社会关系在理想层面的反映。个人与社会有机地联系在一起，二者相互依存、相互制约、共同发展。同样，社会理想与个人理想也不是彼此孤立的，它们之间相互联系、相互影响、相互制约。个人理想以社会理想为指引，社会理想是对个人理想的凝练和升华。

3.答：辩证地看待理想与现实的矛盾。理想与现实是对立统一的。在日常生活中，人们在处理理想与现实的关系时，往往只看到二者对立的一面，看不到二者统一的一面。一种认识偏向是用理想来否定现实，当发现现实不符合理想预期的时候，就对现实大失所望，甚至对现实采取全盘否定的态度。另一种认识偏向是用现实来否定理想，在追求理想的过程中一遇到困难就产生畏难情绪，觉得理想遥不可及，丧失为理想奋斗的信心和勇气，直至最终放弃理想。之所以会出现这些认识误区，从思想方法上讲，是由于不能辩证地看待和处理理想与现实的矛盾。理想和现实存在着对立的一面，二者的矛盾与冲突，属于"应然"和"实然"的矛盾。假如理想与现实完全等同，那么理想的存在就没有意义。理想与现实又是统一的。理想受现实的规定和制约，是在对现实认识的基础上发展起来的。一方面，现实中包含着理想的因素，孕育着理想的发展；另一方面，理想中也包含着现实，既包含着现实中必然发展的因素，又包含着由理想转化为现实的条件。在一定的条件下，理想就可以转化为未来的现实。脱离现实而谈理想，理想就会成为空想。

四、应用题（略）

第三章

继承优良传统
弘扬中国精神

03

第一节　实践导学

一、实践导言

通过前面专题的学习与实践，我们更加增强了担当民族复兴大任的使命感，更加增强了对马克思主义、共产主义的信仰，更加增强了对中国特色社会主义的信念，更加增强了把使命、信仰、信念熔铸到实现人生价值征程中的信心。

同学们肯定已经发现了，使命担当、信仰信念都是在说精神对人的独特作用。习近平总书记说过："人无精神则不立，国无精神则不强。精神是一个民族赖以长久生存的灵魂，唯有精神上达到一定的高度，这个民族才能在历史的洪流中屹立不倒、奋勇向前。"崇尚精神正是中华民族的优秀传统，在这一优秀传统的激励下，一代代华夏儿女共同努力，在中华民族的历史长河中，孕育、发展出了极具辨识度的中国精神。

中国精神的谱系是一张宏伟的画卷，伟大创造精神、伟大奋斗精神、伟大团结精神、伟大梦想精神是其核心要义。而其主要内容是以爱国主义为核心的民族精神和以改革创新为核心的时代精神。作为中国精神的忠实继承者和坚定弘扬者，中国共产党构筑起了中国共产党人的精神谱系，极大地丰富了中国精神的内涵，激励中国人在新的征程上继续奋勇前进，不断从胜利走向胜利。

作为新时代的青年，未来属于大家，希望也在你们身上。这虽然是沉甸甸的担子，但也需要你们轻装前行。青年人要用中国精神增强做中国人的志气、底气、骨气，用中国精神涵养自己、激励自己，为实现自己的梦想、中华民族的梦想贡献自己无悔的青春力量。

志气，就是方向。青春、奋斗，究竟要往哪里去？特别是在中华民族伟大复兴的战略全局和世界百年未有之大变局的大背景下，在瞬息万变的社会万象面前，作为新时代青年，应该如何考虑奋斗的方向，或者说，人生的价值在哪里？这些都是不得不思考的问题。其中，家国情怀无疑是一个特别有归属感、奋斗力的方向。

底气，就是能力。一个人、一个国家凭什么有底气，根本来说是由它的能力决定的。"有底气的人都是有能力的人"。同学们，经过大学的学习，增强了自己全方位的能力，就有足够的底气去应对社会的变化。而从国家的角度来说，综合国力的增强，也是国家面对世界变局的最佳药方。在当前的背景下，底气和能力靠什么？答案是改革创新。作为改革创新的生力军，大家理应用改革创新的精神来不断增强自己的能力，厚实自己的底气。

骨气，就是自信。"自信人生二百年，会当水击三千里。"自信来自哪里？来自五千多年的文明传承，来自近代以来孜孜不倦的探索与奋斗，来自在党的领导下创造的一个个卓越功绩。这些是我们整个民族和制度的自信之源。当然，我们不能盲目自信。自信，就能有骨气；自信，同样需要底气。

2021年7月1日，天安门广场上，青年人发出"请党放心，强国有我"的时代强音，青年人就应该有这样的志气！就应该有这样的底气！就应该有这样的骨气！这是青年一代自觉赓续传承伟大民族精神和时代精神，使中国精神、中国价值、中国力量得到充分彰显的体现。

精神的力量是无穷的。精神力量的显现，离不开理性的分析，不过从知行合一、知行转化的角度说，精神力量的迸发更需要情感的激励。大家是否有过被某个人物的事迹所感动，想去故事发生的地方看看的冲动？是否有过被某部小说、电影深深感动，久久不能自已？抑或是想如果我能在那里，该有多好，抑或是被思想精神激动得不能安坐，在房间里踱步，在窗台前眺望……凡此种种，无不为之鼓舞，都想亲身去尝试。精神的转化，一个最佳的方案就是共情。因此，在本章我们可以通过现场教学，到实地去感受精神的伟力；也可以通过微电影的方式，把我们的理解和想法说出来、演出来，活化精神；还可以去看一部电影、一本好书，展开一场与主人公的精神对话。这些实践的过程，是我们精神进一步升华的过程，也是精神转化、促成践行的过程。

二、思维导图

在理论学习和思考的基础上，通过实践深入践行和领悟，促进知、情、意、信、行的合一。本章具体内容的知行转化图如下。

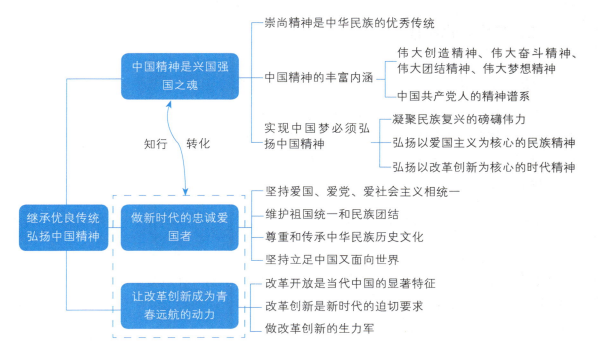

第二节　实践教学设计

一、实践教学目标

（一）知行转化目标

通过现场教学，学生可以将理论知识与知识发生的时空联系起来，特别是实地感受精神的"产床"，感受中华大地上的中国精神谱系，以及在中国精神感召下激发的中国力量，在实践中感知中国精神的脉络与意义。

（二）能力培养目标

通过现场教学，培养学生将理论知识与知识发生的背景、过程与意义结合起来的能力，特别是将精神力量转化为物质力量的能力。通过讨论、撰写心得等方式，提升学生的团队协作能力和书写、表达能力。

（三）情感素养目标

通过现场教学，培养学生对中国精神的理解，升华思想、磨炼意志、增强社会责任感和历史使命感，真正用中国精神增强中国青年人的志气、骨气、底气。

二、实践方式推荐

方式一：现场教学

将课堂从静态的教室搬到动态的现场，充分利用本土资源，有效挖掘"现场"教学资源，通过现场实地参观、考察、学习的方式，经过听、看、思、行等环节，突出政治性、思想性。这里的本土资源，可以是博物馆、红色文化教育基地、社会主义新农村、高新技术企业等。

方式二：微电影体验

以"家国情怀"为主题，学生分成小组，自编、自导、自演微电影，以实地演绎和素材整合的方式进行虚实结合，将情境融入体验之中，增强学生的爱国情怀。（具体操作参见第五章的实践活动）

方式三：读一本好书，看一部好电影

通过自主阅读以中国精神为主题的经典好书、观看相关经典影片，以拟人化的方式了解作者的思想与心路历程，切身体会主人公的处境与经历。小组组成读书会，共同分享读后感或观后感，确立理论思维，弘扬中国精神。

方式四：重读红色家书

烽火战争年代，无数的革命者留下了家书，一封封家书记载着他们矢志不渝的信仰，渗透着浓浓的家国情怀。各小组选择一封红色家书，诵读并用情景剧形式演绎，同时穿越时光隧道以给先烈回写一封信的形式开启心灵对话。

方式五：寻访中国精神代言人

中国精神是民族之魂。生活中千千万万为国家做出贡献的人，千千万万在生活中闪耀着真善美的人，都是中国精神的代表。各小组深入学校、社会及家乡等场域，寻找那些可以代表中国精神的最美人物，用镜头记录故事，并设计访谈问题开展对话，感受精神力量。（具体操作参见第二章的实践活动）

三、实践设计精选——现场教学

（一）现场教学基本流程（八步法）

1. 确定主题

根据教学内容与可选择的现场教学点，合理确定现场教学的主题（第三部分有参考主题），确定现场教学的目标。

2. 学生分组

以 6~7 人为一组，一个教学班分成若干小组，选出组长。组长及时召开小组会议，充分了解组内每一位成员的特点。

3. 初步准备

在老师的指导下，各小组对拟前往的现场教学点做初步了解，根据老师提出的问题，特别是涉及的历史发展脉络、重要人物、关键事件、历史影响等做初步准备。教师要做好整体策划、交通工具准备、保险购买等工作。

4. 内部分工

每个小组根据任务需要及每位组员的特点进行组内分工，分工应包含小组参与现场教学情况的拍摄、小组内部讨论的安排、心得体会的撰写与小组实践心得撰写等。

5. 现场教学

在现场教学点，教师根据既定的教学方案，开展现场教学。在现场教学过程中，要充分发挥学生的主观能动性，发挥情境教学、体验教学的优势。一般现场教学点有讲解员或导游，任课教师通常也会和学生一起参观考察，接受学生的提问，管理整个现场教学。

6. 小组讨论

现场教学中，要因地制宜，及时开展讨论，可以是小组内的，也可以是班级内的。教师要充分调动现场气氛，让大家畅所欲言，及时起到现场教学的作用，并对讨论环节做总结性点评。

7. 撰写体会

按照考核要求，结合现场教学的情况与收获，每位同学撰写体会。各小组合成一份，小组长统筹，并撰写小组实践小结。

8. 集中汇报

每个小组将现场教学心得体会和所拍摄的小组参与现场教学的视频，在班级中做统一汇报。汇报过程中，老师积极引导，促使现场教学持续发挥作用。

（二）现场教学注意事项

1. 现场教学前

（1）根据整个实践课的专题安排，合理确定现场教学的主题。

（2）应和现场教学点先行对接，就现场教学的主题、流程等具体问题做一一磋商。

（3）教师应提前把现场教学情况给学生们做介绍，使学生做到心中有数。学生们则应根据活动需要，提前查阅相关资料和做好必要准备。

（4）做好安全防范与教育。为每一位参加现场教学的学生购买保险；进行集中安全教育，树立安全第一的意识；签订《学生外出集体活动安全承诺书》。

2. 现场教学中

（1）严格按照设定的流程开展现场教学，并与现场教学点负责人随时沟通。

（2）合理管控学生，并随时与学生交流，深化理解。

（3）学生要记录现场教学的精彩片段和现场参与情况。

（4）因地制宜，及时讨论，切实发挥现场教学的作用。

3. 现场教学后

（1）整理现场教学情况，将拍摄的小组参与现场教学的视频做好剪辑工作。

（2）制作课堂汇报 PPT。

（3）每个小组撰写个人心得体会，组长统筹。

（三）现场教学点的选择与现场教学主题选择

1. 现场教学点的选择

现场教学点的选择，应坚持以下四个原则：

第一，兼顾全国性与本土性。从全国范围来看，首先推荐由中共中央宣传部命名的全国爱国主义教育示范基地（见附录一），全国爱国主义教育示范基地涵盖面很广，数量也很多。由于有的地方多一些，有的地方少一些，因此，也可以选一些本土性的现场教学点。

第二，有代表性。现场教学点的选择一定要有代表性，全国爱国主义教育示范基地显然就具有这一特点，而在选择本土性的现场教学点时，一定也要注意一定范围内的代表性。

第三，有影响力。有代表性的现场教学点应该也是有一定影响力的，这个影响力可以是全国范围的，也可以是地方范围的。

第四，从现实出发。现场教学虽然希望最大程度上做到兼顾全国性与本土性、有代表性与有影响力，但最后还是要综合考虑，一切从现实出发，以实现教学目标、达到教学成效为依归。

2. 现场教学主题选择

根据中国精神的内涵与外延、现场教学点的大致类型，可以从以下几个方面确定主题，并注意避免与其他章节重复。

（1）文化历史类。这类主题主要以爱国主义为核心的民族精神为重点，主题应当侧重中华优秀传统文化的创造性转化与创新性发展，即对当下的启示与意义。文博类的场所以这一类为主。

（2）革命纪念类。这类主题主要以中国共产党人的精神谱系为重点，突出了革命精神等红色文化，更多的是展现作为中国精神的忠实继承者和坚定弘扬者，中国共产党人艰苦卓绝、可歌可泣的伟大奋斗，感知新生活来之不易，革命精神永垂不朽。并通过将中国精神放到过去、现在、未来的时间维度中，找准当下青年人的位置，进一步回答中国共产党为什么能、中国特色社会主义为什么好、马克思主义为什么行的问题。

（3）建设成就类。这类主题主要展现以改革创新为核心的时代精神，特别是改革开放以来，尤其是党的十八大以来所取得的各个方面的伟大成就。从时间的角度说，这部分内容与青年学子的实际生活有一定的交叉，更有感受。值得注意的是，建设成就类也可以包含民族地域特色和自然人文景观。

（四）现场教学的实践成果表格格式

将过程性参与和实践成果结合起来，需要学生提交小组参与现场教学（包括讨论）的短视频、vlog，每人撰写参加现场教学的心得体会，小组合成一份，并在文末撰写实践小结。

题目

班级：_____ 第_____小组

小组参与现场教学（包括讨论）的视频片段	
视频二维码	
心得体会正文（3000 字以上）	
小组每位成员，结合现场教学的实际情况，可重点从某一个方面、某一个人物等印象最为深刻的地方，谈谈参加现场教学的体会。心得体会要做到情真意切，确有所获。	
小结（小组实践小结，200 字以上）	

（五）实践成果评价标准

具体评分标准如下。

评分构成	分值	评分标准
小组参与现场教学（包括讨论）的视频片段	30	有完整呈现小组全体成员参与现场教学、开展讨论的视频，视频标注了小组名称等信息
心得体会	60	有每一位小组成员的心得体会，心得体会要确有所获，有感而发，不空洞，文字流畅
实践小结	5	实践小结，有的放矢，客观、全面
字数	5	字数 3000 字以上
总分		100

四、实践成果范例

（一）现场教学视频——"同上一堂思政大课·勿忘'九一八'"活动

视频选自《同上一堂思政大课·勿忘"九一八"》，人民网客户端2021年9月18日。

同上一堂思政大课·
勿忘"九一八"

1931年9月18日，日本关东军炸毁南满铁路，反诬中国军队所为，悍然袭击驻扎在北大营的东北军。震惊世界的"九一八"事变成了日本在华建立伪满洲国傀儡政权的发端，中国抗日战争也自此拉开序幕。

"历史是最好的教科书，也是最好的清醒剂。"2021年是"九一八"事变90周年。为持续深入开展"四史"学习教育，辽宁、吉林、黑龙江三省教育厅与人民网联合举办"同上一堂思政大课·勿忘'九一八'"活动，活动邀请了沈阳"九一八"历史博物馆原副馆长刘长江。以"勿忘'九一八'"为主题的思政大课通过对馆内重要藏品和珍贵史料的讲解，回顾历史瞬间，还原抗战历史细节。通过教学帮助青年学子深植爱国情感，树立正确的历史观，更是警示青年学子要更加紧密地团结起来，弘扬伟大抗战精神，向着中华民族伟大复兴的光辉彼岸奋勇前进。

（二）现场教学地方基地与人物——宁波舟山港竺士杰创新工作室

导语：竺士杰是当代优秀青年的杰出代表，通过了解竺士杰的事迹，通过对宁波舟山港及竺士杰创新工作室的实践教学，使学生认识到以改革创新为核心的时代精神铸就了竺士杰的辉煌，铸就了宁波舟山港的伟业。学习竺士杰的工匠精神、劳模精神，将其与日常的学习生活结合起来，对青年一代更有激励作用。

2020年3月29日至4月1日，在防控新冠肺炎疫情与复工复产的关键时刻，习近平总书记亲临浙江考察，第一站就来到了宁波舟山港。

宁波舟山港处于"丝绸之路经济带"和"21世纪海上丝绸之路"的重要交汇点，港口是基础性、枢纽性设施，是经济发展的重要支撑。近年来宁波舟山港以创建"港口工匠创新联盟"为抓手，激励广大产业工人走技能成才、技能报国之路。竺士杰就是其中的优秀代表。

"当时我们正在欢送总书记，没想到总书记特意转身嘱咐我，这使我很振奋。"在这次的考察中，习近平总书记离开港口时嘱咐竺士杰"发挥好劳模作用，带出更多的劳模"。而在2006年12月27日，时任浙江省委书记的习近平在舟山港区集装箱码头，按下了宁波舟山港第700万个标箱的起吊按钮，当时在桥吊上吊装的正是竺士杰。

天赋与梦想

1998 年，18 岁的竺士杰从宁波港职业技工学校毕业，怀揣着梦想，踏进了梦寐以求的北仑港。

竺士杰仍然记得初见港口时的样子。来往船只以内贸线为主，而且散杂货业务居多，偶有集装箱船到访，也多由散货船改装。"那会儿我习惯仰望伫立在码头边的 6 台桥吊，看着它们抓箱子。"竺士杰听说，桥吊司机是港区最具技术难度的岗位。

"不过，初出茅庐的我第一份工作是开 20 多米高的龙门吊。"竺士杰回忆，当时一个师傅带一个徒弟，一般 3 个月入门，6 个月可以考操作证。他一个星期便掌握了整套手法，一年就赶上了师傅的水平。"那时候，我更坚信最初的选择是对的，也认定了自己生来属于港口。"竺士杰说。

带着这份自信和热爱，在"一专多能"政策的鼓励下，竺士杰决定尝试更难的技术岗位——桥吊司机。尽管听说"学不好会被退回来"，但年轻爱挑战的他并没有退缩，甘心从零开始。

1998 年底，法国达飞公司开通了宁波港至欧洲航线，每周停靠，要装卸一两千个标准箱，这对于当时年吞吐量仅 50 万标准箱的港口而言是一次考验。

桥吊班为此抽调优秀桥吊司机，组建"达飞突击队"，竺士杰自然不会放弃这次机会。不过一向上手快的他，由于刚接触桥吊不久，这一次深受打击：面对 6 小时 180 个箱子的基本要求，他当时只有 8 小时 120 个箱子的水准。

被冠以"姜太公"外号的竺士杰并不甘心，他夜以继日四处"偷学"技术，反复操练并总结经验教训，一跃成为最年轻的"达飞突击手"，还跻身"龙虎榜"。

挑战与突破

集装箱改变了世界贸易的方式，也悄悄改变了竺士杰的命运。

1976 年，集装箱进入中国。1984 年，宁波镇海港区起吊第一个集装箱，但彼时业务量很小。1998 年 1 月，当时的宁波港专门成立集装箱处，促进了集装箱业务的快速发展。

竺士杰恰逢其时，赶上了港口集装箱业务从起步到迅猛发展的时期。

2004 年，竺士杰转岗到穿山港区码头，彼时那里还是个新建港：近千米长的码头岸线，总共 3 个泊位、4 座桥吊，每天仅零星几艘小货船靠岸。

"在我吊箱子的生涯里，2006 年 12 月 27 日这个日子永生难忘。"竺士杰回忆，当天，习近平同志在穿山港区按下了宁波舟山港第 700 万标箱的起吊按钮，当时负责起吊的正是竺士杰。那一年，全港全年完成集装箱吞吐量 714 万标箱。而 2017 年 12 月 27 日，宁波舟山港当年货物吞吐量首次突破 10 亿吨。同样在穿山港区，竺士杰起吊了这个突破 10 亿吨的集装箱。2017 年宁波舟山港第 9 次问鼎货物吞吐量世界之首，全年集装箱吞吐量超 2460 万标箱，比上年增长 14.1%，稳居全球第四。

如今，竺士杰不禁感慨：岸线超 3400 米，11 个泊位、45 台桥吊可同时作业，每天三五艘装载近 2 万标准箱的集装箱船进出已是常态，"超级码头"不负盛名。

与集装箱打交道的 20 年里，竺士杰目睹接卸的船舶越来越大，来自不同国家的船型不尽相同。这对桥吊司机的接卸水平，一次次发起了挑战。

"能不能有一个更全面便捷的操作方法，可以同时操作不同性能的桥吊，而且上手快、作业效率高呢？"善于创新的竺士杰尝试"逆向思维"。桥吊作业讲究稳、准、快，通常利用加速跟进保证操作稳定。他反其道而行之，区分出不同设备的性能和不同作业船行走的长度，在距离不同的情况下，用减速的方法稳定桥吊。

凭借这套手法，2006 年，世界上最大集装箱轮"中远宁波"首航之际，竺士杰带领队友仅用了 1 小时 40 分钟，就完成了 1031 个集装箱的装船作业，装卸效率达到每小时387.43 箱，创下新纪录。

在此之前，以竺士杰的水平，每小时最多能吊起 20 多个集装箱，如今其团队大多数司机每小时能够吊起集装箱 35 个至 40 个，最多时将近 60 个。

竺士杰自创的这套技术，2007 年被宁波舟山港命名为"竺士杰桥吊操作法"，并被编制成学习教材。

荣耀与责任

如今，穿山港区 45 台桥吊若满负荷作业，采用"竺士杰桥吊操作法"，一天就能实现 3 万多个集装箱的作业量，相当于改革开放初期全港一整年的集装箱吞吐量。

毋庸置疑，改革开放给了港口机遇，港口的机遇便是港口人的机遇。不管宁波舟山港还是竺士杰，都抓牢了机遇，并敢于挑战和创新。

"我很幸运，是港口哺育了我，我所有的成就都归功于港口的跨越式发展，得益于改革开放以来浙江经济的腾飞。"面对荣誉，竺士杰坦言，"对我来说，更多的是一种反哺港口的责任和使命，这也是今后推动我继续创新、寻求突破的最大动力。"

谈及自己沉浸的技术领域，竺士杰滔滔不绝。"近几年，我的创新工作室一直致力于桥吊'一次着箱率'检测系统的研发。该技术可以让桥吊一次着箱率提高 7%，相当于每抓一个箱子能减少着箱 0.1 次。"现在，竺士杰带领的桥吊班着箱准确率已接近80%。"一天能多抓 3400 个标准箱，一年就多出百万个标准箱。"竺士杰初步统计，如果以 100 万个标准箱相当于一个 300 米泊位的年吞吐量进行推算，无形之中就多出了一个泊位的吞吐量。而新建一个集装箱泊位的成本，差不多要 10 亿元。

小桥吊，大贡献。竺士杰的每一次突破，都在诠释着平凡岗位的不凡贡献，不断促进整个行业的发展。

对于技术，这位 80 后总是精益求精。最近，他又忙着琢磨如何提高桥吊司机的"单兵作战"能力。他利用大数据，精确测算出每个桥吊司机的实际操作水平，同时通过

3D 动画与动态实景模型，把"竺士杰桥吊操作法"进行视频化与模型化，进一步量化技术标准，并向行业标准进军。

面朝大海，初心未改，挑战不息。竺士杰如此，全球第一大港亦如此。

特别印象

"春种一粒粟，秋收万颗子。"从技校毕业的竺士杰，通过自己的艰苦努力，勤奋刻苦，操作技艺出色，这使他在各个赛场大放光彩，斩获一项项荣誉。2005 年，宁波市总工会举办了桥吊操作技术比武，竺士杰以绝对优势夺得第一名，并获得了"宁波市首席工人"的荣誉称号。2007 年，年仅 27 岁的他从全省一千多万名职工中脱颖而出，获得了浙江省十大职工技能状元"金锤奖"。2011 年，"竺士杰创新工作室"正式成立，团队破解各类攻关课题 20 余项，创新队伍也不断壮大。如今，工作室有成员 53 人，创新范围也扩展到了企业生产经营的方方面面。2015 年，他又获得了"全国劳动模范"的光荣称号。2017 年，创新工作室还获得了"全国示范性劳模和工匠人才创新工作室"称号。在竺士杰看来，创新攻关并没有大家想象的这么难，只要有敢于挑战的勇气，就可以变"不可能"为"可能"。

每个时代都有不同的初心故事。弘扬工匠精神，就是要坚定初心，对于我们新时代的产业工人来说，我们要不断增强创新能力和核心竞争力。动手动脑，积极主动地将自己负责的事情做好、做精、做强，这大概就是竺士杰的工作秘诀所在。正是有了像竺士杰这样亿万有理想、守信念、懂技术、会创新、敢担当、讲奉献的劳动者大军，才能创造出令世界刮目相看的中国速度，诠释着人民创造历史、劳动开创未来的新时代精神，把精神变成行动，将"不可能"变成"可能"。

——以上内容综合选自以下材料：

王凯艺、张帆：竺士杰：与东方大港同成长，浙江在线，2018 年 12 月 10 日

百尺高空"穿针引线"（工匠绝活），《人民日报》，2020 年 11 月 05 日 10 版

发挥劳模作用，带出更多劳模——记全国劳动模范、宁波舟山港桥吊司机竺士杰，新华社，2020 年 5 月 2 日

竺士杰：巧技妙法化危机的桥吊司机，央视新闻，2020 年 5 月 3 日

（三）现场教学讲稿——《巍巍堇山、光耀神州》

导语："巍巍堇山、光耀神州"是一个区域地方性的现场教学案例，下面的现场教学实例是学生与老师共同打造的，文字由浙江万里学院物流与电子商务学院工商管理专业 201 班张浩宇同学主笔，并负责现场解说。通过与学校所在地相关部门的紧密联系与通力合作，通过对本土精神文化的挖掘，通过发挥学生在现场教学中的主体作用，教师发挥主导作用，用青年人的语言与方式呈现，能为现场教学带来很好的效果。

同学们！仰望历史的天空，家国情怀熠熠生辉；跨越时间的长河，家国情怀延绵不绝。天下至德，莫大乎忠，家国情怀厚植于每一位仁人志士对国家和民族的忠诚之中。

生逢盛世，肩负重任，党史学习是我们青年一代的必修课，这门课不仅必修，而且必须得修好，相较于通过文字阅读学习，现场教学总是能给我们更深层次的震撼。这一次的教学紧密联系学校所在的宁波市鄞州区本土红色文化，弘扬伟大革命精神。通过一个个故事的展开，陈修良、朱镜我等一批革命先辈仿佛依然勇立甬江潮头，带领着我们迈向民族复兴。他们牺牲自己，造福后人的思想跨越时空鼓舞着我们，勉励我们青年要始终保持国家在心底、民族在心间、人民在心头的坚定信念。

县有赤堇山，故加邑为鄞。曾经，这片风雷激荡的红色沃土孕育了无数革命志士，他们在风雨如晦的神州大地，于无声处炸响了惊雷。如今，这片东海之滨的改革开放热土，沿海的小码头悄悄成了浙江建设重要窗口的模范生，于无色中绽放出了繁花。

平凡铸就伟大，赤堇山的赤色来自每一位在至暗时刻挺身而出，用鲜血染红堇山的英雄。赤色就是陈修良的"男儿一世重横行，巾帼岂无翻海鲸"；沙文汉的"风萧萧兮易水寒，壮士一去兮不复还"；朱镜我的"男儿何不带吴钩，收取关山五十州"；沙耆的"高晴已逐晓云空，不与梨花同梦"；沙文求的"一腔热血勤珍重，洒去尤能化碧涛"。那一串串或许已经过时但是光辉依旧的名字，璀璨了堇山的星空，标定了民族的坐标。

他们以坚定的理想信念之火焚毁了堇山的封建之基。赤堇山的赤色是人民的怒火烧红的，烈士的鲜血染红的，革命的曙光映红的，理想信念之火从堇山脚下，大嵩江畔熊熊燃起。"沧海横流显砥柱，万山磅礴看主峰"，21 岁的卓兰芳参加领导雪花社，22 岁的沙文求倒在了红花岗，这些青年最先从蒙昧中觉醒，却也最早倒在黎明的光亮之前。"昆仑为志，东海为心"，中华民族生生不息，源远流长，无论是过去还是现在，抑或是将来，我们青年始终要以实现中华民族伟大复兴为己任，要像先烈前辈们一般激发敢为天下先的青春勇气，高举"敢教日月换新天"的革命旗帜，弘扬不怕牺牲、英勇斗争的伟大精神。理论上清醒，政治上才能坚定，在新时代要坚定"四个自信"，增强"四个意识"，让青春之花绽放在祖国最需要的地方，在祖国最需要的地方建功立业。

他们以劈波斩浪的昂扬斗志发动了宁波的工农革命。历经建立农会到成立宁波最早的党支部，思想先进的革命前辈始终与人民群众保持着血肉联系：打土豪分田地，城市暴动时期，竺清旦、卓兰芳领导的武装力量始终与农民保持着鱼水之情。国以民为本，社稷亦为民而立，人民群众是历史的创造者，人民是真正的英雄，共产党人打江山守江山，守的就是人民的心。依靠人民，为了人民，与人民心连心，同呼吸，共命运，这是先烈前辈在立党之初用鲜血告诉我们的道理。"求木之长者，必固其根本。"时代在发展，时代在召唤，我们青年要始终铭记人民是我们党的血脉、根基，脱离人民是我们最大的危险。

他们以青山忠骨的不屈意志驱逐了华夏的日寇官僚。没有灵魂的革命是行不通的：

浙东临时特委书记朱镜我为了宣传马列主义，发展基层党组织，变卖祖传的 12 亩田地和竹林；为了其他战士不受自己连累，在国民党反动派的围剿下保存更多有生力量，拒绝突围，纵身跳入皖南百米深的悬崖。"未惜头颅新故国，甘将热血沃中华"，总有人愿意投身黑暗烈火，因为屹立在背后的是山海家园。"志之所趋，无远弗届，穷山距海，不能限也"。远在比利时求学的童第周、意大利的周尧发出了"报国之日短，求学之时长"的呐喊，毅然归国参加抗日战争。他们不是文绉绉的白面书生，更不是海外镀金的洋博士，他们是以实际行动支援国家的民族英雄。当时的他们，年纪与我们相仿，他们的精神跨越时空长河激励着我们。如今的我们既要发扬"大好河山，寸土不让"的守土有责精神，又要弘扬科学家精神，厚植家国情怀。无论是从物质上或是精神上，我们青年要立志做抵御外侮那堵最坚实的墙。

他们以昂首阔步的坚定姿态沐浴着开放的南国春风。沙氏故居的后院，沙文求烈士儿时栽下的小银杏已经长成了参天大树，伫立在他儿时生长玩耍的地方，见证这片东海之滨热土的沧桑巨变。对于英烈们最好的告慰，就是传承他们的基因，永志不忘他们为之流血牺牲的伟大理想。踏平坎坷成大道，越是艰险越向前，一批人先富裕带动一批人后富裕，正如那批最先觉醒的人一般，这条路很艰难，但共产党人从未停歇。"踏石留印，抓铁有痕"。在绿水青山就是金山银色的理念指导下，鄞州高举红绿融合大旗，做强做优"生态经济化、经济生态化"，帮助老百姓致真富，真致富，让老百姓一步步腰包鼓起来，钱袋子满起来。

"人无钢骨，安身不牢"，理想信念是高于天的，精神的力量是无穷无尽的。今天，这里给我们带来的震撼从外到内，由表及里，在革命先辈的身上我们看到了作为真正的中国人，共产党人的志气和信念。处于青年时期的我们，要在学习党史中获得启发，坚持真理，坚守理想，激浊扬清，确保不会在成长的路途中误入歧途。"自信人生二百年，会当水击三千里"。先烈前辈们是有骨气精神的，面对邪恶刚正不阿，面对困难激流勇进，面对改革一往无前，我们这一批新时代的青年，通过学习党史，汲取营养，不断磨砺自己，也必将有骨气、有信心、有恒心、有决心，在关键时刻站得出来、危难时刻豁得出去，有骨气让妄想奴役压迫我们的敌人在我们用血肉筑成的钢铁长城面前碰得头破血流。我们青年是有底气的，传承红色基因，赓续共产党人的精神血脉，从先辈的事迹中感悟。在中国共产党的领导下，中华民族从站起来、富起来到强起来的伟大飞跃，正是我们的底气所在，现场教学的党史学习正是增强我们青年志气、骨气、底气的关键一环。

这次的学习，为的就是让我们有所启发，为我们接续奋斗，砥砺前行增添不竭的精神动力。新时代堇山青年始终做到脚下有泥水、头上有汗水、眼里有泪水，保证以党员标准约束自己、以成人之思提醒自己、以赤子之心激励自己，高扬开放在先、敢为争先、实干率先的新时代鄞州精神，建设好先辈们打下的红色江山，永志不忘他们为之流血牺牲的伟大理想，这便是对先辈和历史最好的告慰。

第三节　知识回顾与运用

一、单选题

1. 中华民族崇尚精神的优良传统，首先表现为对物质生活与精神生活之间关系的独到理解，下列体现这一点的是（　　　）。

    A. 为天地立心，为生民立命，为往圣继绝学，为万世开太平

    B. 自天子以至于庶人，壹是皆以修身为本

    C. 见贤思齐焉，见不贤而内自省也

    D. 一箪食，一瓢饮，在陋巷，人不堪其忧，回也不改其乐

2. 在五千多年的历史发展中，中华民族形成了以（　　　）为核心的伟大民族精神。

    A. 集体主义　　　　B. 爱国主义　　　　C. 唯物主义　　　　D. 个人主义

3. 在不同的历史条件和文化背景下所形成的爱国主义，总是具有不同的内涵和特点，这说明（　　　）。

    A. 爱国主义是历史的、具体的　　　　B. 爱国主义是永恒不变的

    C. 爱国主义是民族主义　　　　D. 爱国主义是军国主义

4. 推动人类社会发展的第一动力是（　　　）。

    A. 创新　　　　B. 科技　　　　C. 机遇　　　　D. 理论

5. 李大钊曾写下"铁肩担道义，妙手著文章"的警句。这句话表明，若想树立改革创新的自觉意识，我们应该（　　　）。

    A. 树立突破陈规陋习的自觉意识　　　　B. 树立大胆探索未知领域的信心和勇气

    C. 树立以创新创造为目标的走向　　　　D. 增强改革创新的责任感

6. 王安石《游褒禅山记》中言："而世之奇伟、瑰怪，非常之观，常在于险远，而人之所罕至焉，故非有志者不能至也。"这句话表明，若想树立改革创新的自觉意识，我们应该（　　　）。

    A. 树立突破陈规陋习的自觉意识　　　　B. 树立大胆探索未知领域的信心和勇气

    C. 树立以创新创造为目标的走向　　　　D. 增强改革创新的能力本领

7. 发展的希望在创新，创新的希望在青年，（　　　）是国家创新型人才的重要后备军。

    A. 知识分子　　　　B. 技术型工人　　　　C. 当代大学生　　　　D. 自然科学家

8. 对人民群众感情的深浅程度，是检验一个人对祖国忠诚程度的（　　　）。

    A. 试金石　　　　B. 方法　　　　C. 基础　　　　D. 条件

9. 道德修养是一个循序渐进的过程，古人云："积土成山，风雨兴焉；积水成渊，蛟龙生焉；积善成德，而神明自得，圣心备焉。故不积跬步，无以至千里；不积小流，无以成江海。"下列名言中与这段话在含义上相近的是（   ）。

    A. 仁远乎哉？我欲仁，斯仁至矣

    B. 勿以善小而不为，勿以恶小而为之

    C. 君子求诸己，小人求诸人

    D. 有能一日用其力于仁矣乎？我未见力不足者

10. 爱国主义是历史的、具体的，在不同的时代具有（   ）。

    A. 不同的形式和要求   B. 不同的传统

    C. 不同的内涵和特点   D. 不同的文化背景

11. 我国的爱国主义始终围绕着实现民族富强、人民幸福而发展，最终汇流于（   ）。

    A. 中国特色社会主义   B. 共产主义的伟大实践

    C. 改革开放的潮流   D. 中国共产党的领导

12. 当代中国，爱国主义的本质就是（   ）。

    A. 爱国和爱党、爱社会主义高度统一   B. 维护祖国统一和民族团结

    C. 尊重和传承中华民族历史文化   D. 坚持立足中国又面向世界

13. 用生命叩响"地球之门"、让中国进入"深地时代"。黄大年致力攻关的"航空重力梯度仪"，就像一个"透视眼"，给地球做 CT，能洞穿地下每一个角落。这套系统十年磨一剑，在近年来探明的国外深海大型油田、盆地边缘大型油气田等成功实验中，发挥了至关重要的作用，成为"颠覆性"技术推动行业突破的典范。这段材料体现了（   ）。

    A. 民族精神   B. 时代精神   C. 爱国精神   D. 团结精神

14. 实施创新驱动发展战略，最根本的是要（   ）。

    A. 破除体制机制障碍   B. 为科学研究提供良好环境

    C. 增强自主创新能力   D. 大力发展科学研究

15. 实施创新驱动发展战略，最紧迫的是要（   ）。

    A. 破除体制机制障碍   B. 为科学研究提供良好环境

    C. 增强自主创新能力   D. 大力发展科学研究

16. 爱国主义在不同的历史和文化背景下有着不同的内涵和特点。在新民主主义革命时期，爱国主义主要表现为致力于推翻帝国主义、封建主义和官僚资本主义的反动统治，把黑暗的旧中国改造成光明的新中国，在现阶段，爱国主义主要表现为心系国家的前途和命运，献身于社会主义现代化事业，献身于祖国统一大业。这表明（   ）。

A. 爱国主义是客观的、具体的 　　　B. 爱国主义是历史的、具体的

C. 爱国主义是客观的、抽象的 　　　D. 爱国主义是主观的、现实的

17. 在当代中国，爱国主义与爱社会主义的统一是中国历史发展的（　　　）。

A. 必然选择 　　　B. 必然结果 　　　C. 必然道路 　　　D. 必然条件

18. 国家安全是指一个国家不受内部和外部的威胁、破坏而保持稳定有序的状态。当前，我国国家安全内涵和外延比历史上任何时候都要丰富，时空领域比历史上任何时候都要宽广，内外因素比历史上任何时候都要复杂，必须坚持总体的国家安全观，它的宗旨是（　　　）。

A. 经济安全 　　　B. 政治安全 　　　C. 人民安全 　　　D. 国际安全

19. 在经济全球化的背景下弘扬爱国主义精神，需要（　　　）。

A. 提高民族自尊心和自信心

B. 完全否定中国的传统和现实

C. 对本民族进行过度的颂扬和崇拜

D. 从经济基础到上层建筑的一切领域都与西方接轨

20. 充分体现我们争取和平统一的最大诚意与维护国家主权和领土完整的坚定决定的，是颁行（　　　）。

A.《中华人民共和国民法典》 　　　B.《反分裂国家法》

C.《中华人民共和国国家安全法》 　　　D.《中华人民共和国国防法》

二、多选题

1. 中国精神的内涵包括（　　　）。

A. 伟大创造精神 　　　B. 伟大奋斗精神 　　　C. 伟大团结精神 　　　D. 伟大梦想精神

2. 下列属于中国共产党人的精神谱系的有（　　　）。

A. 井冈山精神、长征精神、遵义会议精神

B. 延安精神、西柏坡精神、红岩精神

C. 抗美援朝精神、"两弹一星"精神、特区精神

D. 抗洪精神、抗震救灾精神、抗疫精神、脱贫攻坚精神

3. 爱国主义的基本内涵主要包括（　　　）。

A. 爱祖国的大好河山 　　　B. 爱自己的骨肉同胞

C. 爱祖国的灿烂文化 　　　D. 爱自己的国家

4. 爱国主义的时代价值体现为（　　　）。

A. 维护祖国统一和民族团结的纽带 　　　B. 实现中华民族伟大复兴的动力

C. 构建和谐世界的重要力量　　　　　　D. 实现人生价值的力量源泉

5. 当代中国，社会发展离不开改革创新，改革创新是社会发展的重要动力，坚持改革创新是新时代的迫切要求，这主要表现为（　　　）。

A. 创新始终是推动人类社会发展的第一动力

B. 改革创新是实现中华民族伟大复兴中国梦的物质动力

C. 创新能力是当今国际竞争新优势的集中体现

D. 改革创新是我国赢得未来的必然要求

6. 改革创新精神既是对中华民族革故鼎新优良传统的继承弘扬，也是中国人民在改革开放伟大实践中体现出来的精神品格和精神特征。今天，以改革创新为核心的时代精神主要体现为（　　　）。

A. 突破陈规、大胆探索、敢于创造的思想观念

B. 不甘落后、奋勇争先、追求进步的责任感和使命感

C. 以"落后就会挨打"的危机感和忧患意识自我警醒

D. 坚韧不拔、自强不息、锐意进取的精神状态

7. 时代精神与民族精神紧密相连，具体体现在（　　　）。

A. 两者都是一个民族赖以生存和发展的精神支撑

B. 一切民族精神都曾经是一定历史阶段中的时代精神

C. 两者的有机结合构成了中国精神的基本内容

D. 民族精神的核心是改革创新

8. 鲁迅曾经说过："唯有民魂是值得宝贵的，唯有他发扬起来，中国才有真进步。"实现中国梦必须弘扬中国精神。中国精神是兴国强国之魂，弘扬中国精神是（　　　）。

A. 激发创新创造的精神动力　　　　　B. 凝聚中国力量的精神纽带

C. 推进复兴伟业的精神定力　　　　　D. 政治文明建设的重要内容

9. 中华民族的爱国主义优良传统源远流长，内涵极为丰富。下列诗句中反应爱国主义优良传统的有（　　　）。

A. 寄意寒星荃不察，我以我血荐轩辕

B. 四万万人齐下泪，天涯何处是神州

C. 位卑未敢忘忧国，事定犹须待阖棺

D. 苟利国家生死以，岂因祸福避趋之

10. 下列说法正确的有（　　　）。

A. 伟大抗疫精神将激励新时代青年肩负民族复兴的时代使命

B. 在与严重疫情的殊死较量中，中国人民和中华民族以敢于斗争、敢于胜利的大

无畏气概，铸就了生命至上、举国同心、舍生忘死、尊重科学、命运与共的伟大抗疫精神

C. 伟大抗疫精神是中国共产党人精神谱系的重要内容

D. 伟大抗疫精神是中国精神的生动诠释

11. 创新思维的特点包括（　　　）。

A. 注重求异、批判和不甘落入窠臼和俗套

B. 善于发现问题

C. 灵活、开放、发散

D. 人们熟悉而易于被接受

12. 在现阶段，爱国主义主要表现为在中国共产党领导下，（　　　）。

A. 献身于建设新时代中国特色社会主义伟大事业

B. 献身于实现中华民族伟大复兴的中国梦的实践

C. 献身于实现世界和谐稳定

D. 献身于促进祖国统一大业

13. 伟大民族精神，体现在方方面面，如（　　　）。

A. 在无数自然灾害面前，百折不挠、奋勇斗争

B. 面对外敌入侵，同仇敌忾、奋起抗争

C. 在"一穷二白"的基础上，建立起富强、民主、文明、和谐、美丽的社会主义现代化强国

D. 在抗疫斗争中，万众一心、众志成城

14. 当今世界的竞争，说到底是（　　　）。

A. 经济竞争　　　B. 政治竞争　　　C. 人才竞争　　　D. 教育竞争

15. 当代大学生要积极投身改革创新实践，（　　　）。

A. 发扬改革创新的精神　　　B. 增强改革创新的意识

C. 锤炼改革创新的意志　　　D. 提高改革创新的能力

三、简答题

1. 简述弘扬中国精神的意义。

2. 如何做新时代的忠诚爱国者？

3. 为什么说改革创新是新时代的迫切要求？

四、应用题

结合自身专业和实际情况，谈谈大学生应当如何走在改革创新的时代前列？

参考答案

一、单选题

1—5：DBAAD　6—10：ACABC

11—15：AABCA　16—20：BBCAB

二、多选题

1.ABCD　2.ABCD　3.ABCD　4.ABD　5.ACD

6.ABCD　7.ABC　8.ABC　9.ABCD　10.ABCD

11.ABC　12.ABD　13.ABCD　14.CD　15.ABCD

三、简答题

1.答：弘扬中国精神，凝聚民族复兴磅礴伟力，振奋起全民族的"精气神"。第一，弘扬中国精神是凝聚中国力量的精神纽带；第二，弘扬中国精神是激发创新创造的精神动力；第三，弘扬中国精神是推进复兴伟业的精神支柱。

2.答：做新时代忠诚的爱国者，第一，必须坚持爱国、爱党、爱社会主义相统一；第二，维护祖国统一和民族团结；第三，尊重和传承中华民族历史文化；第四，坚持立足中国又面向世界。

3.答：改革创新是新时代的迫切要求，第一，创新是推动人类社会发展的第一动力；第二，创新能力是当今国家竞争新优势的集中体现；第三，改革创新是赢得未来的必然要求。

四、应用题（略）

第四章

明确价值要求
践行价值准则

04

第一节　实践导学

一、实践导言

同学们通过从小学到中学的学习，知道做人要懂得判断是与非、对与错，明辨好与坏、善与恶。我们歌颂为国为民的革命先辈，我们敬佩为国发展鞠躬尽瘁的人民公仆，我们感动于人与人之间互帮互助的温暖与确幸，我们也会对假丑恶的人与事感到厌恶和唾弃，辨是非、知荣辱，这是情感的表达，也是价值观的体现。

中国人向来有天下意识、家国情怀、家园情结。"天下兴亡，匹夫有责"，"苟利国家生死以，岂因祸福避趋之"；"老吾老以及人之老，幼吾幼以及人之幼"等，把人生价值的实现与国家和社会贯通起来，形成人生价值与国家和社会的共通性和一致性，这种共通景象、一体模式，在民族源远流长的历史长河中，是主航道；在民族救亡图存征程中，是主流；在民族复兴进程中，是强大精神动力，支配人们的价值判断和价值实现。这就是核心价值观，是一个民族、一个国家最持久和最深层的力量，也是一个民族和国家的精神追求。

如今，当我们进入中国特色社会主义新时代，也会需要确立我们整个民族和国家的"最大公约数"，使全体人民可以同心同德、团结奋进。社会主义核心价值观正是如此，它把国家、社会和公民三方面的核心价值观凝为一体，彰显社会主义本质，传承中国传统文化精髓，融合世界文明成果，既符合人类美好价值追求，又体现当代中国人的价值理想和要求。富强、民主、文明、和谐，这是国家的担当；自由、平等、公正、法治，这是社会的良序；爱国、敬业、诚信、友善，这是公民的责任。从三个层面回答了我们要建设什么样的国家、建设什么样的社会、培育什么样的公民的重大问题。这24字，12个词，环环相扣，缺一不可，犹如"地基 - 房子 - 人"的关系一样。富强、民主、文明、和谐就像房子的地基，只有地基打好了，才能在上面建造牢固的房子；自由、平等、公正、法治就像房子的设计和权益，自由是房子的门窗，平等、公正、法治保障我们对这房子的正当权益；爱国、敬业、诚信、友善就像住在这些房子里的人的素养，人人爱护地基和房子，才能拥有美好的家园。

习近平总书记说："核心价值观，其实就是一种德，既是个人的德，也是一种大德，是国家的德、社会的德。"那么，新时代的我们，如何践行这种德？遥想当年，青年毛泽东曾走进湖南农民运动中去进行考察，写出了《湖南农民运动考察报告》，用脚步丈量出了农民运动的意义，也丈量出了"实践"与"理论"的重要意义。正如中国共产党人的初心使命、思想品格，核心价值观从来不是抽象存在，也不是一种单纯的口号，它们总是从实践中来，经过系统的学习后，需要回实践中去。

当前，我们要坚守和弘扬社会主义核心价值观，就需要运用所学和智慧，深入社会，通过广泛的调研，去感受社会主义核心价值观在身边的体现，去发现有待提升的地方，通过我们的努力，提出解决问题的方案。这是让我们深深扎根于新时代的方式，也是践行社会主义核心价值观的具体体现。相信通过我们每一个人的努力，把社会主义核心价值观的价值导向转化为自觉行动，才能促进共同价值目标的实现，形成团结奋斗的强大精神力量。

二、思维导图

在理论学习和思考的基础上，通过实践深入践行和领悟，促进知、情、意、信、行的合一。本章具体内容的知行转化图如下。

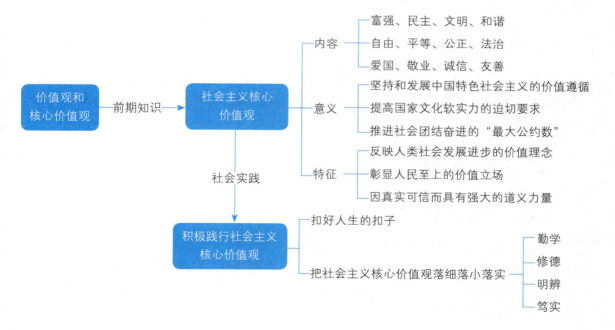

第二节　实践教学设计

一、实践教学目标

（一）知行转化目标

学习社会主义核心价值观的理论，用理论指导实践，指引自己的行为，在实践中深刻体会社会主义核心价值观的内涵，真正让社会主义核心价值观内化于心，外化于行。

（二）能力培养目标

通过实践，深入践行社会主义核心价值观，学以致用，增强用社会主义核心价值理念发现问题、分析问题、解决问题的能力，同时，在实践中增强人际交往能力和团队合作能力。

（三）情感素养目标

通过实践，增强学生对社会主义核心价值观的认同，增强价值观自信，引导学生树立正确的价值观，把勤学、修德、明辨、笃实内化为自己的基本遵循，坚定社会主义核心价值观自信。

二、实践方式推荐

方式一：模拟提案

以小组为单位，结合社会现实，在社会主义核心价值观的引领下，深入生活、社会，结合社会热点、现实问题，展开走访调研。查阅资料，发现问题，研究问题的解决方案，并提出合理、可行性建议。在实践中加强党史学习教育，感悟中国特色社会主义制度优势、增强制度自信。

方式二：影视之旅

通过观看体现社会主义核心价值观的电影，直观、生动地了解树立积极和正确价值观的重要性。

方式三：现场教学

结合当地"好人"展、"道德模范"展等体现社会主义核心价值观内涵的展览，以课外自主学习的方式，前往参观，在身边人、身边事中感受社会主义核心价值观的力量。（具体操作参见第三章的实践活动）

方式四：微视频创作

以微视频的形式展示各行各业自觉践行社会主义核心价值观的时代风采，透过小切口、小故事传递社会中向上向善的价值力量。（具体操作参见第五章的实践活动）

方式五：践行社会主义核心价值观公益广告大赛

聚焦培育和践行社会主义核心价值观，促进社会形成良好风尚，征集贴近生活、直抵人心的公益广告。各小组围绕社会主义核心价值观的 24 个关键字策划公益广告，形式为平面类、视频类或音频类。

三、实践设计精选——模拟提案

（一）模拟提案实践活动基本流程

1. 学生分组

全班以 6~7 人为一个小组，分成若干小组。

2. 小组制定实践计划

召开小组会议，选出组长并由其全面主持整个实践活动，结合个人特点进行合理的组内分工，同时做好以下两项工作。

确定提案主题：结合学习、工作、生活等实际，在社会主义核心价值观的指引下，关注经济发展、社会治理、民生保障、文化事业、社会生态等各领域的内容，开展小组内头脑风暴，确定提案主题。

布置提案前期调研任务：根据分工，确定提案相关的调研对象和调研计划。

3. 开展调研

按照实践计划开展调研。调研内容包括：问题或现象的具体、典型表现；当事人（群体）的看法、反应；与当事人（群体）利益相关者的意见、态度；既有的相关对策建议；问题或现象与当事人（群体）人生观状况之间的关系等。调研过程中，适当进行文字记录和音频、视频记录。

4. 中期总结、评估、调整

小组长召集会议，线上或线下均可。对已经开展、完成的工作进行阶段性总结，在此基础上重新审视、评估实践计划，并根据新发现的问题、情况调整实践计划。如有必要，可报请指导教师进行指导。

5. 撰写模拟提案

根据调研结果，组内充分讨论，进行数据分析，在查阅各类资料的前提下，进行模拟提案的撰写。

6. 模拟提案评审和完善

课堂汇报事件过程，并展示模拟提案。指导教师进行点评，并提出修改建议，对优秀模拟提案在进一步修改后送交参加省级、国家级相关征集活动。如果是对学校的提案，可以提交到学校相关部门或者学生双代会。

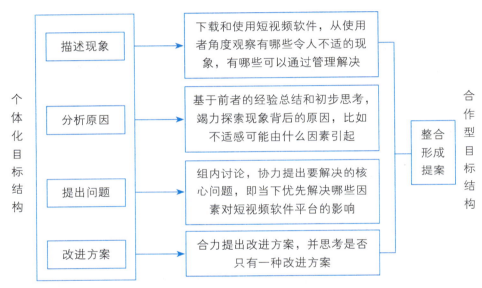

以短视频相关的提案为例，形成提案的过程

（二）模拟提案实践活动注意事项

1. 首先要了解提案的相关要求和形成流程

提案有其特定的要求，主要包括以下几点。

（1）提案所涉及的问题应具有一定的公共性、代表性或广泛性，如涉及以下内容会不予立案：违反宪法和法律规定的；涉及党和国家秘密的；属于学术研讨的；宣传、推介具体产品、作品的；指名举报的；为本人或亲属解决个人问题的；内容空泛、没有具体建议的；等等。

（2）提案应建立在充分的调研基础之上。

（3）提案结构应包括案由、案据和政策建议三部分。

（4）提案写作行文要简明扼要、表述准确。

2. 选择适宜的提案调研主题

提案旨在对有关国计民生的重要问题献计献策，其建言范围除了上述不予立案内容，可以广及经济发展、社会治理、民生保障、文化事业、生态文明等内容。但大家的阅历、知识储备以及能利用的资源很有限，因此选择一个合适的主题非常关键。也可以结合校园生活、工作、学习等，对学校发起提案。

一个合适的选题应该同时满足如下条件。

（1）合法。

（2）有价值——它应该是一个真问题且要具有一定的普遍性或代表性，如果问题不真实或无关大局都不宜进入政协议程。

（3）可解决性——是经过小组成员努力可以完成的任务，这涉及小组成员可用的时间、相关知识和技能、调研对象的配合、调研所需设备、交通便利等条件。

3. 提案调研对象构成要合理

为使调研能获得更全面、更具代表性的情报，要注意调研对象的合理构成。

（1）调研对象群体应该包括当事群体、利益相关者群体、旁观者群体或中立群体，以及研究相关领域的专家群体。

（2）调研对象群体在年龄、性别、民族、职级、文化程度、宗教信仰、政治成分等的构成上要趋于均衡。

（3）解剖麻雀，抓住典型——可适当重点调研当事群体中的典型性（好或差）人物。

4. 关于提案调研准备

（1）提前准备调研提纲。模拟提案实践活动不仅要调研人，还要调研对现象、问题的研究、对策，因此，要分别列出调研提纲。调研提纲内容要紧扣实践主题、任务，要以理解当事群体人生观状况与调研所针对现象、问题之间的关系，以及寻求可能的解决对策为设计、撰写之鹄的。

（2）预先召开小组会议（线上线下都可）。会议内容包括：强调调研需要准备和注意的事项，通知各相关责任人注意履行好自己的职分等。

（3）预先知悉调研对象（如有必要）有关调研活动的事项，如调研时间、调研目的、任务以及要求调研对象配合的事项等。

5. 关于提案调研过程

（1）小组同学可以分两路，一路主要对人进行调研，一路主要查找、收集既有的相关研究策略。

（2）对当事群体的调研一定要有一定人次的面对面访谈、观察，遇到不清楚的地方要及时提问；要在征得访谈对象同意后，再进行录音录像；针对调研对象的职业、文化程度等有区别地提问，对于文化程度高的对象，提问可以专业化、理论化一些，对于文化程度相对不高的对象，提问、对话要通俗、生活化一些；不论对象是谁，既可以直截了当直奔主题，同时还可以提一些与主题只是间接相关的问题，因为对间接性问题的回答有时更能体现回答者的真实情况；访谈结束后，可询问访谈对象是否可以提供相关资料。

（3）调研中始终注意保持专注、礼貌、耐心。

（4）每次调研后注意及时整理、补充、保存调研所获材料、情报，如发现有材料损坏或遗失的现象，必要时可进行补充调研。

6. 提案撰写的原则

在完成前期调研后，小组共同合作撰写具体提案，撰写过程注意如下原则。

（1）撰写要有新意。写提案是为了帮助党和政府正确决策、改进工作，因此提案要尽可能有新意。对于相同的议题，可以从新的角度去阐述，运用各种生动有说服力的新材料或典型事例去求新。此外，要用一些新的语言，增加感染力。

（2）说理分析要深刻。提案只有写得到位、写得深刻，有内容、有高度，才能发人深省，给人启迪，才能对实际工作起到指导和推动作用。因此，写提案要尽量展开去写，由此及彼、由表及里、由近及远，充分说理，才能加深人们对这一问题的认识，引起相关部门的重视。作为向政协会议提交的合乎规范的意见、建议和方案，一定要贯彻党和国家的路线、方针和政策，应该选择对大局有较大影响的合理化意见和建议。

（3）思考要超前。提案既要研究一些关系当前发展的现实问题，又要把眼光放在发展上，着力进行一些超前思考，研究一些发展性、超前性和预见性的问题。例如，那些虽未提出但是按照事物发展必须解决的问题、虽然在做但亟待寻求新突破的问题和虽已提出但尚需研究的问题、虽在思考但苦无良策的问题、虽有方案但不尽完美的问题等，使提案具有很强的开拓性。

（4）数据要详尽。前期调研数据要详细准确，采取社会调查和走访访谈相结合的方式，考虑广度和深度的融合。

（5）建议要具体。建议部分是提案的关键，反映提案的目的，也反映提案献计献策的水平。提案既要研究关系当前发展的现实问题，还要做到一事一议，不能过于笼统。撰写的提案一定要保证较强的可执行性，提案还应该有针对性和可操作性。

（三）提案调研问卷设计范例

1. 您曾在网络上看见过破坏国家安定团结或有悖于社会主义核心价值观的言论吗？

    A. 很多　　　　　　B. 比较多　　　　　　C. 有过　　　　　　D. 没有

2. 您了解社会主义核心价值观是哪 24 个字吗？

    A. 很熟悉　　　　　B. 基本熟悉　　　　　C. 模模糊糊

    D. 不太了解　　　　E. 不了解

3. 社会主义核心价值观反映了全体中国人民共同的价值追求，是主导全社会思想道德观念和行为方式的核心价值理念，您对此观点（　　　　）。

    A. 完全赞同　　　　B. 基本赞同　　　　　C. 一般赞同

    D. 不太赞同　　　　E. 完全不赞同

4. 您曾遭遇过网络言语侮辱、网络人肉搜索、网络人身攻击等行为的侵害吗？

    A. 很多　　　　　　B. 比较多　　　　　　C. 有过　　　　　　D. 没有

5. 您曾遭遇过网络诈骗吗？

    A. 很多　　　　　　B. 比较多　　　　　　C. 有过　　　　　　D. 没有

6. 您身边有他人遭遇过网络诈骗吗？

    A. 很多　　　　　　B. 比较多　　　　　　C. 有过　　　　　　D. 没有

7. 您曾收到过网络虚假信息或网络谣言吗？

    A. 很多　　　　　　B. 比较多　　　　　　C. 有过　　　　　　D. 没有

8. 您的邮箱、微博、微信、网游、支付宝、网银等账号近年被盗过吗？

    A. 很多　　　　　　B. 比较多　　　　　　C. 有过　　　　　　D. 没有

9. 如果您遭遇了网络侵权，您会采取维权行为吗？

    A. 肯定会　　　　　B. 估计会　　　　　　C. 看情况

    D. 不太会　　　　　E. 不会

10. 碰到心情不好或看到网上气愤的事情时，您会在网络上破口大骂吗？

    A. 肯定会　　　　　B. 估计会　　　　　　C. 看情况

    D. 不太会　　　　　E. 不会

11. 您是否知道网络谣言转发超过一定人次，会受到法律的制裁甚至被判刑？

    A. 知道　　　　　　B. 有点知道　　　　　C. 不知道

12. 国家从严整治艺人违法失德、治理娱乐业出现的流量至上、"饭圈""娘炮"等现象，您对此做法（　　　　）。

    A. 完全赞同　　　　B. 基本赞同　　　　　C. 一般赞同

D. 不太赞同　　　　E. 完全不赞同　　　　F. 不了解

13. 国家治理移动应用程序 PUSH 弹窗违规推送、过滥推送等扰乱网络传播秩序乱象，您对此做法（　　　）。

　　A. 完全赞同　　　　B. 基本赞同　　　　C. 一般赞同

　　D. 不太赞同　　　　E. 完全不赞同　　　　F. 不了解

14. 互联网推荐算法涉及个人信息保障和技术安全问题，需要制定法律规范并依法管理，您对此观点（　　　）。

　　A. 完全赞同　　　　B. 基本赞同　　　　C. 一般赞同

　　D. 不太赞同　　　　E. 完全不赞同　　　　F. 不了解

15. 社会主义核心价值观应融入互联网法治运行（立法、执法、司法、守法）的全过程，您对此观点（　　　）。

　　A. 完全赞同　　　　B. 基本赞同　　　　C. 一般赞同

　　D. 不太赞同　　　　E. 完全不赞同

16. 您认为社会主义核心价值观融入互联网法治建设，对促进互联网发展的作用如何？

　　A. 很大　　　　B. 比较大　　　　C. 一般

　　D. 不太大　　　　E. 不大

17. 您认为互联网在传播社会主义核心价值观上的作用（　　　）。

　　A. 很大　　　　B. 比较大　　　　C. 一般

　　D. 不太大　　　　E. 不大

18. 您认为当前社会主义核心价值观融入互联网法治建设做得如何？

　　A. 很好　　　　B. 较好　　　　C. 一般

　　D. 不太好　　　　E. 不好　　　　F. 不了解

注意： 本问卷节选自浙江大学马建青教授主持的国家社科重点课题调查问卷《关于社会主义核心价值观融入互联网法治建设的问卷调查》。虽然这是国家级项目的问卷调查，但是该问卷设计合理，时代感和指向性强，对于社会主义核心价值观融入互联网法治具有很强的指导意义，既是科学的项目前期调查，也可以作为以"社会主义核心价值观融入互联网法治"为主题的相关提案的前期调研。

（四）校园提案选题参考

1. 学生参与学校管理方面的提案

（1）如何拓展学生参与校园管理的渠道和平台？

（2）如何发挥学生在学校日常管理和重大决策中的作用？

（3）如何完善学生提出意见与建议的反馈及解决机制？

（4）如何进一步发挥学生会组织的桥梁纽带作用？

（5）如何发挥学生在改进校园环境和基础设施建设中的作用？

2. 学生学业方面的提案

（1）如何提高学生课程中"教"与"学"的质量？

（2）如何做好大类学生的专业引导和学业指导？

（3）如何优化课程设置和选课制度？

（4）如何完善考试评定制度？

（5）如何改进本科生评奖评优制度？

（6）如何促进学生出国留学与对外交流？

（7）如何完善转专业、辅修、双学位等制度？

3. 学生事务的提案

（1）如何完善院、园衔接过程中的学生管理工作体系？

（2）如何发挥学生对教师教学的监督及评价作用？

（3）如何更好地支持学生开展社会实践、创新创业和校园文体等活动？

（4）如何改进综合素质测评及第二课堂制度？

（5）如何进一步完善食堂、宿舍、交通、网络等后勤服务？

4. 校园建设、学生活动等方面的提案

（1）如何加强学风建设、营造浓厚的诚信学术氛围？

（2）如何改善校园网络环境，营造"文明上网"的氛围？

（3）如何引导学生加强体育锻炼，保持身心健康？

（4）如何完善学生会组织的监督、管理、服务机制？

（5）如何加强对学生社团的管理，促进学生社团更好地发展？

注意： 以上选题选自《浙江大学第三十三次学生代表大会提案工作实施办法》，2020 年 9 月。

（五）模拟提案实践成果格式样表

案名：＿＿＿＿＿＿＿＿

提案人：（给自己小组取个响亮的团队名称）

案由：提案背景、存在的问题、问题分析（具体参照指南范文）
具体建议：

附：提案前期调查问卷或调研大纲

（六）实践活动评价标准

评分构成	分值	评分标准
提案选题	10	选题具有现实性，为当前社会中迫切需要解决的问题，有新意
前期调研	20	调研广泛而深入，数据详尽
案由分析	20	对主题相关的现象背景分析到位深刻，提出问题精准，能切中要害
具体建议	40	提案结构严谨，建议结合实际，可行性强，一事一议，言之有物
字数	10	字数 1500~2000 字
总分		100

四、实践成果范例

（一）全国政协十三届二次会议第 0026 号提案题

题目：关于推进京津冀基本公共服务均等化的提案

主办：国家发展改革委

会办：教育部、财政部、国家卫生健康委

提案形式：党派提案

第一提案人：九三学社中央

近年来，京津冀三地贯彻落实《京津冀协同发展规划纲要》精神，不断加强公共服务资源的共建共享，对接合作效果较为显著。但三地之间基本公共服务水平差距仍然很大，尤其是河北与京津相比明显滞后。

一是财政投入方面。以教育、卫生领域为例，河北省 2016 年财政用于教育、卫生领域的投入分别为 325.3 亿元、316.4 亿元，而同期北京为 1089 亿元、635.6 亿元，河北的人均财政投入仅为北京的 8.6%、14.3%。

二是基本公共服务指标方面。在保基本兜底线的基本公共服务指标中，除国家有统一标准和反映覆盖水平的指标外，其他指标差距较大。例如，河北省普通小学生年均公用经费分别比京津低 965 元、615 元，普通初中生年均公用经费分别比京津低 865 元、565 元。河北城乡居民基础养老金每人每月 90 元，分别比京津低 420 元、171 元。河北农村居民最低生活保障每人每月 280 元，分别比京津低 520 元、475 元。

三是优质公共服务方面。人民群众需求度普遍较高的教育、卫生、文化等领域的优质公共服务差距明显。例如，河北省没有"985"工程和"双一流"工程院校（仅有 1 个一流学科），且仅有的一所"211"高校还在天津；高考本科录取率分别比京津低 12% 和 19%；每千人拥有三甲医院的数量分别比京津低 73.9% 和 70%。京津冀三地在基本公共服务领域存在较大差距的原因，主要有以下几点。

（1）三地经济发展不平衡。河北经济发展水平低于京津，人均 GDP 仅为京津的 37.1% 和 37.2%，居民人均可支配收入仅为京津的 37.4% 和 57.9%，人均财政收入仅为京津的 16.7% 和 20%，人均一般公共预算支出仅为京津的 28.7% 和 36.3%，省内 62 个扶贫开发重点县的财政收入和人均财力更是处于较低水平。

（2）基本公共服务均等化成本高。河北省地域面积分别是京津的 11.5 倍和 15.9 倍，城镇化率却只有 53.3%，公共服务供给分散，使得公共服务供给成本高，提升公共服务水平需要更多投入。

（3）京津"虹吸效应"明显。京津地区居民收入水平高，拥有大量高等院校、三甲医院、文化体育设施等优质公共服务资源，对周边地区的"虹吸效应"明显，导致河北大量高层次人才向京津聚集，公共服务水平提升缺乏人才支撑。

（4）政策衔接不够。京津冀三地的制度体系和相关政策存在较大落差，河北与京津之间、河北省内各地市之间的信息系统和标准不一，尚未建立互联互通、对接共享的信息化平台，转移过程中难以顺畅对接，区域之间要素流通不畅。

为此，建议：

一是规划先行，统筹协调。以"普惠性、均等化、可持续"为原则，开展公共服务政策相关研究，尽快出台京津冀基本公共服务一体化规划，统筹规划京津冀区域内社会事业和公共服务资源，研究、制定、实施统一的设施配置、建设及服务标准，推进优质公共服务资源共建共享。

二是加大公共服务领域财政投入。加大对河北财政转移支付力度，确保基本公共服务财政支出稳步增长，新增财力优先向公共服务重点区域和薄弱环节倾斜。京津采用定向援助、对口支援、对口帮扶等多种形式，支持河北省落后地区发展基本公共服务。搭建投融资平台，鼓励和支持社会投资进入公共服务领域。

三是加大京津优质公共服务资源向河北转移的力度。结合北京非首都功能转移，加强雄安新区与京津公共服务领域全方位深度合作，将京津优质教育、医疗、卫生、养老机构等优先向雄安新区及河北省其他地区转移，建立分支机构或整体搬迁。鼓励河北省与京津交界的三河、大厂、香河、固安、永清、广阳、涿州等 7 县（市区）高标准对标京津。加强交界地区养老机构建设，协调北京养老政策外延，推动医疗机构优先纳入跨省异地就医直接结算平台，提高医保管理服务水平。

——选自《把握人民的意愿——政协第十三届全国委员会提案及办理复文选》（2019年卷），中国文史出版社 2021 年版

（二）关于推进乡村振兴战略实施的提案

提案人：农工党甘肃省委会

实施乡村振兴战略，要准确把握"产业兴旺、生态宜居、乡风文明、治理有效、生活富裕"的总要求。坚持农业农村优先发展，推动农业全面升级、农村全面进步、农民全面发展，为谱写新时代甘肃新农村新篇章提供有力的保障。

1. 我省农村目前存在的突出问题

农村劳动力严重短缺，大多数是老人和小孩在留守。虽然国家加大了对农村的扶持力度，但是粮食价格低迷、产量降低、种植成本攀升、补贴不够用、生活成本陡增、自然灾害发生等问题的出现，导致农业种植没有收益，青壮年大部分外出打工。乡村振兴需要人才来支撑，但是优秀人才不愿回乡、不能回乡，使得乡村发展缺少活力和后劲。

农村基础设施落后。农村学校、医院人员配备差，工资待遇比不上城市，缺乏基本医疗设备和专业医务人员，农村养老服务资源非常紧缺，农村公路更是破败不堪，由于资金有限，农村公路使用年限极短，有些甚至刚修出来半年就破损翻浆。

农村集体经济薄弱，没有经济支撑点及政策引导。乡村就业创业仍面临着一些突出困难和问题：一些地方政策落实不到位、就业创业氛围不浓厚；有些地方就业创业服务平台欠缺、公共服务能力不足；许多地方就业创业优势特色不突出，农村一二三产业融合不够。

土地流转并没有达到国家预期的效果和规模，流转如同虚设，基本农田弃耕现象非常严重。土地流转实践中产生了租金高、违规违约、强迫流转、改变用途等问题。土地流转中显示出的租期偏短、增速下降、风险较大、违约较多等现象反映了流转供求双方的各自担忧、利益诉求和政策期盼。

村委会党员干部管理意识和水平滞后，跟不上"新时代农村"的步伐。乡村振兴需要村干部的"头雁效应"，但是个别农村党组织，由于干部年龄老化、文化水平不高，存在党组织软弱涣散，向心力、凝聚力、战斗力不强，法治思维不强，现代治理能力和治理水平较低，思想保守、等靠要意识较重，集体经济发展缓慢等问题。

农村的人口严重失衡，男性单身问题日益严重。据调查显示现在农村男性单身问题日益突出，特别是一些自然条件差的村庄，年轻人不愿意待在农村，男方必须在县城有一套楼房成为谈婚论嫁的资本，这是农村经济差的农民根本达不到的要求，是目前农村存在的大难题。

农村出现了"新贫困户"，有些农民想方设法，托人找关系想当贫困户。有的贫困户的确很贫困，但扶贫以后，坐享其成，不爱劳动，不求上进，认为享受扶贫天经地义，得寸进尺，动不动就拿贫困户说事，把当贫困户作为一种荣耀，甚至要挟集体，这种现象让群众反感。

2. 具体建议

彻底改变城乡二元结构管理。政策上引导创业者在农村发展实体经济。营造良好的创业环境，制定人才、财税等优惠政策，为人才搭建干事创业的平台，吸引各类人才返乡创业，激活农村的创新活力。要借血缘、亲缘、地缘纽带，通过搭建感情联络平台，引导扶持在外乡贤、原籍大学生以及优秀外出务工人员回乡创业兴业。

增加农村资金投入，各级政府"三农"投入都应该重点下移到乡村。中央和省级财政加大转移支付力度，保障农村基础设施建设和公益支出，加强农村"三资"管理。发展农村集体经济，把农村土地出让金全部留在乡村，做到取之于地、用之于地。积极化解村级债务，利用财政资金化解公益事业债务。通过发展集体经济化解其他债务，按规定核销不合理支出造成的债务，同时要严禁负债搞振兴，避免村级债台高筑，无力偿还。

创新农业服务体系。整合科技、金融、市场等方面资源，打造一体化、开放式的农业生产经营服务体系，提高农民组织化程度。近年来，农村由于产业调整、环保等因素，闲置企业比较多，要出台政策，引导整合这些闲置企业转型转行，使企业活起来。政府出面对接信息沟通，既有利于解决附近村民的就业问题，又有助于推动农业转型升级。

推动公共服务资源覆盖农村。出台优惠政策，改善基层医疗、养老、教育条件，打造城乡联动的农村生活服务网络。充分发挥乡村发展政策与规划的主导作用，加强规划引导和政策支持。推动传统农业向现代农业转型升级，解决农产品生产效益低下、要素聚集困难、产业协同率低等问题。通过县级统筹制定乡村规划，与城镇规划相衔接，推动基础设施、公共服务全覆盖，突出农业生产、农村居住、生态环境保护和农耕文明传承等功能。

改造完善乡村管理机制。通过设立特聘岗位等方式，推进村支书和村民委员会主任职业化管理。从乡村走出去的企业家、公务员和知识分子，有知识、有资源、有情怀，应该从政策上吸引他们回乡，发挥新乡贤作用，促进乡村振兴。要让精英人才到乡村的舞台上大施拳脚，让农民企业家在农村发展壮大。

减少形式主义的爱心行动。集中财力做大事，要在扶贫思路和手段上都有所创新。将企业、爱心人士的捐款、捐物统一规划支配，不能随意建希望小学和养老院，由乡镇或者村委会统一管理公示讨论用途，创新扶贫思路和手段。

培育乡贤文化和地方文化，严防城市"病毒"进入农村。乡贤文化有助于乡村文化建设，要防止城市化过程中产生的社会毒瘤再借乡村振兴的东风刮进农村，防止赌博、高利贷、低俗文化趁机进入农村，扰乱农村的社会风气。

适当地优化村落。让一些确实无法生存的村庄加快消失，集中财力搞好有发展潜力的村庄。新农村建设一定要根据自己的特色，发扬放大传统特色，而不是千篇一律地城镇化。乡村建设要宏观控制、微观放活，把乡镇规划好是关键。人集中到乡镇去，道路畅通、土地归大田，实现农业现代化才是农村的根本出路。对于落后的、条件艰苦的少数村庄，由国家出面进行兜底，采取集体迁移式扶贫规划。

重视粮食生产。我国由粮食出口大国变成了粮食进口大国，农民种地不挣钱，效率低，农资农机使用价格高、粮食价格低，因此，要加大对三农的投入，规范种粮补贴，因地制宜地调整我省农村策略。

——选自【省政协提案选登】关于推进乡村振兴战略实施的提案，澎湃网：甘肃政协发布，2019 年 10 月 23 日

（三）2020 年全国青少年"优秀模拟提案"摘录

关于切实推行快递包装有效回收的建议

浙江省杭州学军中学紫金港校区　胡雨麦等

1. 背景和问题

当下，快递业迅速发展，为人们带来便利的同时也产生了大量的包装垃圾。目前，我国没有专门面向快递包装垃圾的分类、回收计划，包装垃圾存在粗放式处理的问题，对生态环境造成一定影响。

2. 原因分析

（1）企业绿色行动背后的成本困局。一些电商公司曾针对快递包装回收发起了绿色行动，但这意味着更高的经营成本。同时，企业在快递包装有效回收环节"心有余而力

不足",收效甚微。

（2）公众绿色行动背后的诸多顾虑。调查显示,高达89.66%的公众表示愿意回收快递垃圾,但实际上,69.47%的公众表示会直接丢弃快递包装,其原因包括太麻烦、担心泄露个人隐私等。公众的顾虑在很大程度上导致快递包装被随意丢弃。

（3）监管层面的缺失使得绿色包装成为口号。当下,国家日渐重视快递包装行业的绿色化发展,并给出了指导性意见。但是在具体推进过程中,一是缺少政策层面的宣传普及,二是这些举措仅仅是建议而非强制举措,三是政府并未给予响应政策的企业以一定的鼓励,导致这些提倡未能有效贯彻落实。

3. 建议

推动快递行业的绿色发展是一项系统工程,需要社会各界的共同努力,形成政府引导、企业自律、社会参与的体系。建议如下。

（1）加快制定行业标准,规范快递包装。参照国际标准制定中国的电商物流减量包装标准,引导、鼓励商家采用减量化包装。

（2）政府引导,建立数字化回收体系。对研发新型环保包装材料的企业和进行绿色回收的企业给予一定资金扶持,促进快递包装更新换代。同时完善社会基础设施建设,设立快递包装回收箱,方便居民投放快递包装。充分发挥科技的作用,利用大数据建立统一的循环包装回收信息平台,引导快递公司或电商企业在就近网点租赁快递包装袋或包装箱。

（3）舆论引导,做好"绿色快递"的宣传。充分发挥舆论引导工作,加大"绿色快递"主题宣传,引导公众主动回收和重复使用快递包装盒、包装袋等。

关于以脱贫视角促进生态补偿机制改革的提案

西南政法大学　熊彧等

1. 背景

2018年初,国家发展改革委等六部门共同制定了《生态扶贫工作方案》,要求不断完善转移支付制度,探索建立多元化生态保护补偿机制,逐步扩大贫困地区和贫困人口生态补偿受益程度。通过对重庆市奉节县的实地考察,结合理论研究和实地考察结果,立足于脱贫视角,提出应当通过改革让生态补偿机制发挥更大作用。

2. 存在问题

（1）生态补偿由政府拨款,内部三方主体的权利义务未形成平衡关系。我国生态补偿以政府的财政转移为主导,资金主要来源于公共财政投入和生态补偿专项资金等。生态保护者将已有利益让渡出去,转而接受政府的资金补贴。与此同时,享有生态保护带来利益者并未为此进行等价交换,生态破坏者也未受到惩罚,三方之间的权利义务失衡。

（2）政府对生态效益补偿金的划分采取"一刀切"的方式，没有根据实际情况确定合理的补偿金额体系。在生态脆弱与贫困区相重合的地方，生态保护者的利益得不到应有的保障。

（3）由于地区教育水平落后和信息闭塞，当地农户并不了解补偿机制。受到补助的农户只是被动的参加者，而未能主动把握补偿机制背后的脱贫机遇。

3. 建议

（1）厘清政府在生态补偿机制中的职责，并根据不同的职责开展地区生态补偿机制。作为生态资源的管理者，应根据生态补偿机制涵盖的各领域制定市场监管机制。

（2）在政府的监管下，建立生态资源的限额使用计划。政府设置管理条例，为生态系统的退化设定限额，处于这些规定管理范围之内的开发者须遵守限额规定，履行义务。每季度政府跟进记录开发者的生态额度使用情况，监督超出额度的开发者支付费用，缴纳的资金投入到生态恢复的工作中。

（3）实行生态产品认证计划。通过行业的总体认证，搭建生态产品的信息平台。受益者与保护者之间形成桥梁，生态受益者支付的成本可以直达生态保护者。加强生态补偿的科普教育和公众宣传，增强群众的生态补偿意识。

关于鼓励优秀青年进入村干部队伍的建议

浙江省绍兴市齐贤街道办事处　于莹莹等

1. 背景和问题

党中央下发的《关于加强和改进乡村治理的指导意见》，要求各级党委和政府加强乡村治理人才队伍建设，充实基层治理力量。但在实际调研中发现，当前农村优秀年轻人才普遍不愿参与乡村社会治理，村干部队伍老龄化现象严重。

2. 原因分析

（1）村干部过重的职业压力导致青年"不敢当"。村干部作为国家治理体系中的"兜底"干部，需要协调处理大到征地拆迁、信访维稳等上级重点工作，小到养老保险、建房修房等各种关切民生的事，过大的工作量和压力降低了青年对村干部职业的向往。

（2）村干部"身在基层却背对基层"的职业现状导致青年"不想当"。当前村干部的工作内容中，不少是应付上级的各类考核、督察、会议、调研等，走访村民、了解村情、排解民忧等工作被挤占，"多为老百姓办点实事"往往力不从心。

（3）村干部"有意愿无通路"的入职渠道导致青年"很难当上"。对于愿意担任村干部的青年来讲，在村级组织换届过程中，村民对参选年轻人"不认识、不了解、不愿选"的"三不"问题成为最大的"绊脚石"。不少青年发现农村"熟人社会"中年轻人很难被选上，因此就打消了当村干部的念头。

3.建议

（1）制度激励，突破"入职难"。从制度保障和政策激励层面鼓励优秀青年回归乡村治理。一是优化村干部队伍结构，按照能上能下、动态调整的方式，让年龄偏大或者不能胜任现职的村干部"腾位子"，给年轻一代更多参选机会；二是完善村级后备干部培养制度，在优秀团员中培养吸纳年轻党员，并鼓励优秀党员、团员青年回乡工作，鼓励更多青年参与选举；三是试点面向优秀青年的岗位，明确村干部的年龄构成和学历占比，探索部分岗位面向青年公开招聘。

（2）长效培养，化解"留不住"。关注青年需求，构建青年村干部的成长蓝图。一是培养成长体系，通过集中培训、经验丰富的村干部"传帮带"、调查调研的方式，注重青年村干部实践能力的培养；二是成长有路径，对于工作踏实、实绩优秀的年轻村干部，通过竞赛、评优、嘉奖、提升等方式及时鼓励；三是待遇要保障，提高村干部薪酬，保障生活需要，为其长期扎根农村工作提供可能。

（3）情感召唤，提振"使命感"。重视提升青年"爱家乡、讲奉献"的精神，鼓励青年积极投身乡村振兴。一是加强青年回乡的宣教，使得青年发自内心爱家乡、爱农村、爱百姓；二是强化村干部职业感教育，重塑村干部的良好形象；三是每年安排专业心理专家提供村干部心理健康咨询服务，及时开展心理帮助，疏解工作压力。

　　——以上三则选自中青报·中青网记者杜沂蒙整理："优秀模拟提案"摘录，《中国青年报》，2020 年 4 月 2 日

（四）推广农产品网上交易，降低疫情影响

提案人：全国政协常委、华南农业大学副校长温思美

为降低新冠肺炎疫情对蔬菜、肉类等农产品的影响，广东省农业农村厅联合农产品供应商、采购商、物流企业等农企发起"保供稳价"倡议，依托互联网技术，搭建农产品"保供稳价安心"线上平台，有效缓解了疫情期间农产品的供需难题。这种农产品网上交易的模式，虽是紧急搭建的购销特殊通道，但实践证明它是一个行之有效、符合农产品流通发展趋势的新模式，即使在疫情结束后，也完全可以立足粤港澳大湾区，服务全中国。建议对这一模式迅速总结并推广至全国。

农产品"保供稳价安心"平台，主要实现五大功能：市场需求信息发布、生产供给信息发布、组织推动市场需求、生产及物流对接和组织发动爱心农产品驰援疫区。主要做法如下：

（1）促进产销高效对接，保障农产品有效供给。平台每天举办"采购商网络直通车""网络会客室"和"网红直播间"等网络对接活动，活动上线就有过千采购商踊跃参

与，高峰时段数量过万。供需双方线上商谈采购意向，减少直接接触，打造线上流通快车道，在促进生产、市场、物流三方有效对接，确保市民"菜篮子"及时供给方面发挥重要作用。

（2）利用互联网技术，开创农产品市场体系新模式。依托用户规模最大的 B2B 农产品交易平台"一亩田"，供需双方实现实时对接、精准匹配，平台持续开展直播带货、线上洽谈会等活动，四小时内即完成货品征集、物流保障、接收方对接等一揽子解决方案，既促销产品、保障供给，又借助互联网穿透力安定民心。

（3）调动媒体资源，形成良好的抗疫保供氛围。《南方农村报》《羊城晚报》等有关媒体通过各种形式加大宣传报道和资源整合，中央广播电视总台、《人民日报》等中央和省市媒体也广泛报道平台，有效提升了平台影响力。

为此建议如下。

（1）加强领导部署，将农产品网上交易作为常态固定下来。经过抗疫期间的运行，证明农产品网上交易这种新的业态模式有力有效，在疫情结束后同样适合加以固化和推广，以保障老百姓"菜篮子"工程、保证扶贫攻坚成效等。建议在财政、金融资金安排中对农产品供给、促销作专项切块安排，重点对农产品采购、销售企业、农业电商、物流冷链、仓储企业奖补支持开辟绿色专项通道，切实保障农产品产得出、收得上、运得来、卖得出、吃得到。

（2）创新农产品无接触配送模式。指导和推动"保供稳价安心"数字化平台与需要省份对接，建立省区分平台，为全国保障农产品供给和促进农产品销售、稳定物价和安定民心做出更大贡献。同时，建议有关部门安排专项技改、信息化建设、农产品市场建设资金，对农产品交易数字化平台（网络新市场）发展进行重点扶持，更快、更好、更强地建设营运，使之成为农业农村经济的"网络新地标"。

（3）有效发挥市场的作用。疫情防控是对我国治理体系和治理能力的一次大考。"保供稳价安心"数字化平台以市场为导向，以共建共治共享为手段，迅速凝聚了 1100 多家产业链各环节企业，在特殊时期起到"政府指到哪，市场走到哪"的"战时"作用。对这些有责任有担当、善于应用互联网技术的企业，建议在疫情结束后，给予财政奖补及金融支持，了解他们的需求与痛点并予以帮助，培育一批能力、实力强的又红又专的企业。

——选自《抗"疫"，这些提案及时、给力》，《人民政协报》，2020 年 3 月 6 日

（五）关于"把中小学生还给学校"的提案

提案人：全国政协委员、中国社会科学院外国文学研究所所长陈众议

为减轻中小学生的学业压力、推行素质教育，20 余年来我国多次出台减负政策。

2010 年，国务院印发《国家中长期教育改革和发展规划纲要（2010—2020 年）》更是将减负作为教改的重要目标。2011 年，"减负"正式写进《政府工作报告》。然而，校内减负卓有成效，课外培训机构却似雨后春笋般涌现，尤以大中城市为甚。后者打着"赢在起跑线"和"推优集训""对口教学""早培""坑班"等各色名目吸引中小学生，并且有进一步低龄化——向幼儿园蔓延的趋势。其背后关联的公共优质教育资源权力寻租、国家教育体系意识形态破相等现象不能不引起高度重视。

所谓"十年树木，百年树人"，教育是中华民族伟大复兴、国家长治久安的根本，容不得半点差池。经过近十年素质教育实践，我们有理由认为，把中小学生还给正规教育机构——中小学校已迫在眉睫。

首先，素质教育必须建立在德智体美全身心培养学生的基础之上，而目前中小学校三点半下课和不留作业、不进行学业排名的做法大有矫枉过正之势。中小学校的确不能唯分数论，也的确不能揠苗助长，不能在应试教育上走偏走狭，素质教育不等于校内放羊。后者的结果便是目前校外厮杀之乱象。中小学生及家长被各种校外培训机构及其饥饿营销所绑架，苦不堪言。中小学生的课外时间被各种培训班、辅导班挤占，学习白加黑、五加二是常事，鲜有中小学生不在校外补习的。以北京市海淀区为例，少则两三个，多则七八个班次，中小学生揠苗助长式校外补习成为常态。无论校内成绩如何，谁都不能幸免。于是，孩子穷于应付，有的甚至不惜以各种借口请假，"脱校"参与补习大军。如是，"摩登时代"式报班刷题成为一道无法逾越的"晦暗风景"。以海淀区为例，只要我们稍加留意，每天晚上九到十点钟，从大钟寺到世纪城边、从中关村到清河桥畔，都会有大批孩子及其家长背着沉重的书包、拖着疲惫的脚步涌出各种"一对一""冲刺班""提高班""超常班""尖端班""早培班"的课堂。

其次，学生家长承受着经济、精神、体力和时间的多重压力。他们咬紧牙关，或秉持"不进则退"的理念，或听信各种"推优""对口"的忽悠，拽着孩子废寝忘食，有的甚至不惜辞职陪读，或以各种办法找关系、走后门，导致权力寻租等腐败现象滋生。

再次，校外辅导大多不是以服务孩子、使之健康成长、学业精进为目的。说是揠苗助长、超前培养还是好的，唯利是图、误人子弟才是不少辅导、培训机构的实际情况。试想，一个十一二岁的孩子，动辄几何学，甚至微积分；《列国志》甚至写策论；《新概念》甚至《牛津英语》，能吸收多少？于是，孩子们不是囫囵吞枣、死记硬背，就是狗熊掰棒子甚至一只耳朵进、一只耳朵出。

于是，本来旨在素质教育的减负，由于不同教育资源的合理配置挂钩、更不与中考和高考关联，导致"教改教改，改了老师的课，革了孩子的命"。久而久之，减负成为一句空话，孩子们变成了刷题机器和精神上永远长不大的"巨婴"。因此，为切实加强中小学生德智体美全面发展，我呼吁：与其让孩子们在校外培训机构费心、费力、费时、费钱，不如把他们还给学校。

具体建议如下。

（1）适当延长中小学生在校时间，即从目前的下午三点半延后至五点或五点半下课。这样既可以使学生在校完成作业，也可适当增加其文娱、体育和其他兴趣课程，同时与家长下班时间相衔接。

（2）不能将素质教育片面理解为少考试、不留作业和早放学。中小学生素质教育是公民终身教育的重要组成部分，但目前大量校外教学内容既不统一，又缺乏监管，难以将孩子们培养成德智体美全面发展的优秀公民，更遑论家国情怀。因此，取缔中小学校外培训机构势在必行。

（3）在中小学教育中增加考试和评估砝码。应试教育和唯分数论固然有害，但学校教育与公平合理的竞争并不矛盾。从某种意义上说，公平合理的竞争本身也是素质教育的重要组成部分。这个机制不能拱手让给校外培训机构。毕竟后者的主要目的不是培养优秀公民，而是赚取利润。

（4）尽快出台中学百分百就近入学政策，以便与小学就近入学配套。同时着力均衡教学资源。

（5）关闭任何学校以"择优""占坑""早培"等名义开设的各种校内外培训班。

（6）中考和高考应以中小学课标为导向，鼓励孩子多读书、读原著，根据兴趣发展特长，取消或减少与课内学习无关的各种试题与遴选机制。

（7）体现特色、鼓励拔尖人才的遴选和培养工作，应在学生所在学校或多所学校联合进行。

——陈众议：关于"把中小学生还给学校"的提案，中国社会科学网，2019 年 3 月 5 日

（六）关于改善浙江大学紫金港校区学习讨论区的提案

案由：

"国有成均，在浙之滨。"今天的浙江大学，正在努力建设成为世界一流的综合型、研究型、创新型大学。而一所优秀的一流大学除了在师资力量、学生质量等方面有优势，其学校的基础设施建设也是不容忽视的。讨论区能够给大学生提供自主交流、学习讨论的空间，能够培养大学生自主学习与合作交流能力，无疑是基础设施建设的一个重要部分。然而相比境外高校，浙江大学紫金港校区现有的学习讨论区仍存在着以下几方面的不足。

1.学习讨论区数量不足

学习讨论区的数量不能够满足全校师生的需求，主要原因在于由于白天有日常的课

程，讨论的时间段较为集中，主要为晚上 9 点到晚上 11 点，部分区域的开放时间仅仅到 10 点 30 分。另外有部分区域由于借用程序麻烦或者场地太小、环境较差等原因，利用率极低，导致学习讨论区使用紧张。

2. 部分区域配套设施不全

学习讨论区的配套设施差异极大，有些地方配备电脑、话筒、投影仪，有些地方却连桌椅都未配备齐全。经过调查发现，宿舍一楼大厅、小剧场二楼讨论区、月牙楼一楼桌椅数量不足，且学习讨论区的配套设施不能满足实际需求，大部分讨论区都未配备电脑等常用设备。另外缺乏相关的设施，如插座、黑板等。

3. 部分区域相互干扰性大

部分学习讨论区的开放程度大，互相之间没有明显的分割，造成相互之间的干扰性较大。宿舍一楼大厅、小剧场二楼讨论区、月牙楼一楼、食堂环境过于嘈杂，相互之间的干扰极大，环境极其不适合讨论。

4. 部分区域功能混乱

例如，食堂本身的用途并非是自习讨论，而如今由于客观条件的限制，造成了同一区域进餐与学习讨论同时进行的尴尬局面，如东区长廊的桌椅时而用作自习，时而用作讨论，职能定位不清晰。

5. 部分区域的大小设置不合理

学校设置学习讨论区的时候没有根据实际情况合理规划，导致有些讨论区过大，有些讨论区则过小。比如，小剧场二楼的讨论区对于社团部门的讨论而言显得有些拥挤，而对于学习小组的讨论又有些过大。

6. 学习讨论区的配套设施需要升级

学习讨论区是学生们用于学习交流、讨论的重要活动场所，需要完备的配套设施。现在部分讨论区存在着桌椅高度设置不合理、缺少配套的投影仪、无饮食提供等问题。为了给学生们提供一个更加完美高级的学习讨论区，要解决上述问题，需要对浙江大学现有学习讨论区的配套设备进行升级更新。

具体建议如下。

（1）增加桌椅数量。在教学区的空旷区域可以增加木桌椅的数量。对于现有的缺少桌椅的讨论区添置合适数量的桌椅。为寝室楼下大厅配备可套塑料凳，月牙楼一楼增加现有类型的讨论桌椅。

（2）合理开放部分区域作为学习讨论区。对于部分只供辅导员或者教师进行讨论的区域，对学生进行开放，从而增加现有的学习讨论区数量以满足现有学生对学习讨论区的需求。

（3）聘用管理人员。聘用学生管理员，提醒文明讨论，包括卫生、分贝、公共设施爱护等方面，改善学习讨论区的环境，减少邻近相互干扰性较大的讨论区的干扰作用。

（4）改善现有讨论区的配套设施。给除了教学区空旷处木桌椅外的讨论区配备小型黑板、插座。教室采用地面可翻式插座，每2~3个座位配一个插座。并在室内可增加投影仪的场所增加投影仪等设施。

（5）规定专门的讨论教室。由于教室场地足够大且相关配套设施齐全，所以规定专门的讨论教室，能够增加学习讨论区的数量，并且能够有效避免在教室进行学习讨论的学生影响自习的学生的情况。

（6）对墙体进行改变，减少干扰性。将图书馆信息共享空间的墙改建成真空隔音墙，减少对其他自习同学的干扰，且防止其他信息共享空间讨论的人互相之间有所干扰。

——选自《浙江大学第三十三次学生代表大会提案征集活动范文》，2020年9月

第三节　知识回顾与运用

一、单选题

1.（　　）承载着一个民族、一个国家的精神追求，体现着一个社会评判是非曲直的价值标准。

　　A. 中国梦　　　　　　　　　　　B. 核心价值观
　　C. 中国精神　　　　　　　　　　D. 社会主义核心价值观

2. 党的（　　）提出，要倡导富强、民主、文明、和谐，倡导自由、平等、公正、法治，倡导爱国、敬业、诚信、友善，积极培育和践行社会主义核心价值观。

　　A. 十七大　　　　B. 十八大　　　　C. 十九大　　　　D. 十六大

3. 自由、平等、公正、法治的价值追求回答了我们要建设什么样的（　　）的重大问题。

　　A. 司法　　　　　B. 政治　　　　　C. 国家　　　　　D. 社会

4.（　　）是促进社会进步、人的自由全面发展的物质基础。

　　A. 民主　　　　　B. 富强　　　　　C. 自由　　　　　D. 文明

5.（　　）是社会活力之源，是社会主义的价值理性。

　　A. 富强　　　　　B. 民主　　　　　C. 自由　　　　　D. 法治

6. 社会主义核心价值观倡导的敬业，要求视（　　）为实现个人理想和个人价值的基本途径。

　　A. 劳动　　　　　B. 创新　　　　　C. 工作　　　　　D. 责任

7. 市场经济不仅是法治经济，更是（　　　）。

　　A. 物质经济　　　　B. 人情经济　　　　C. 资源经济　　　　D. 信用经济

8. 一个国家的文化软实力，从根本上说，取决于其（　　　）的生命力、凝聚力、感召力。

　　A. 宪法　　　　　　B. 核心价值观　　　C. 精神　　　　　　D. 经济

9. （　　　）是社会主义核心价值观的根本特性。

　　A. 先进性　　　　　B. 创造性　　　　　C. 人民性　　　　　D. 真实性

10. 中国共产党的根本宗旨是（　　　）。

　　A. 全心全意为人民服务　　　　　　B. 建设社会主义强国

　　C. 实现中国梦　　　　　　　　　　D. 世界和平

11. 社会主义核心价值观和以往价值观的一个重要区别在于它的（　　　）。

　　A. 创造性　　　　　B. 先进性　　　　　C. 真实性　　　　　D. 人民性

12. 西方所谓"普世价值"是指（　　　）。

　　A. 人类道德评价的共性　　　　　　B. 人类审美评价的普遍性

　　C. 人类共同的价值观　　　　　　　D. 资本主义价值观

13. 在全社会弘扬社会主义核心价值观，需要（　　　）走在时代前列，成为最活跃的先进青年代表。

　　A. 大学生　　　　　B. 中学生　　　　　C. 小学生　　　　　D. 研究生

14. （　　　）是价值观养成的关键阶段。

　　A. 幼儿时期　　　　B. 少年时期　　　　C. 中学阶段　　　　D. 大学阶段

15. "博学之，审问之，慎思之，明辨之，笃行之"出自（　　　）。

　　A.《大学》　　　　B.《论语》　　　　C.《礼记》　　　　D.《中庸》

16. （　　　）提出"三个倡导"，即社会主义核心价值观的内容。

　　A. 十七大　　　　　　　　　　　　B. 十八大

　　C. 十九大　　　　　　　　　　　　D. 十三届全国人大一次会议

17. （　　　）是社会主义核心价值观历史底蕴的集中体现，也是涵养社会主义核心价值观的重要源泉。

　　A. 中华优秀传统文化　　　　　　　B. 马克思主义

　　C. 爱国主义精神　　　　　　　　　D. 毛泽东思想

18. 马克思主义唯物史观确认（　　　）在社会历史发展中的主体作用。

　　A. 领袖　　　　　　B. 英雄　　　　　　C. 人民群众　　　　D. 机遇

19.2020 年 5 月，（　　　）表决通过了《中华人民共和国民法典》。

  A. 十三届全国人大三次会议   B. 十八大

  C. 十九大   D. 十三届全国人大二次会议

20.2017 年 1 月，习近平在联合国日内瓦总部，明确提出（　　　）的中国方案。

  A. 建设社会主义强国   B. 维护世界和平

  C. 一带一路   D. 构建人类命运共同体

二、多选题

1. 社会主义核心价值观是（　　　）。

  A. 社会主义核心价值体系的精神内核

  B. 社会主义核心价值体系的高度凝练

  C. 社会主义核心价值体系的集中表达

  D. 社会主义核心价值体系的简述

2. 爱国、敬业、诚信、友善的价值追求回答了我们要培养什么样的公民的重大问题，涵盖了（　　　）等各个方面，是每一个公民都应当遵守的道德规范。

  A. 家庭美德   B. 个人品德   C. 社会公德   D. 职业道德

3. 社会主义核心价值观中，（　　　）属于国家层面的价值要求。

  A. 富强   B. 法治   C. 民主   D. 文明

4. 社会主义核心价值观中，（　　　）属于社会层面的价值要求。

  A. 和谐   B. 平等   C. 公正   D. 自由

5. 社会主义核心价值观中，（　　　）属于个人层面的价值要求。

  A. 爱国   B. 敬业   C. 诚信   D. 博爱

6. 社会主义核心价值观倡导的民主是真实的民主，不受（　　　）等因素限制。

  A. 财产   B. 民族   C. 国籍   D. 宗教

7. 社会主义民主是丰富的民主，包括（　　　）。

  A. 选举民主   B. 协商民主   C. 基层民主   D. 执行民主

8. 社会主义核心价值观倡导的文明包括（　　　）等。

  A. 物质文明   B. 政治文明   C. 精神文明   D. 生态文明

9. 社会主义核心价值观倡导的和谐是（　　　）的有机统一。

  A. 自然与社会   B. 人与社会   C. 人与自然   D. 人与人

10. 社会主义核心价值观倡导的平等是兼顾（　　　）的平等。

A. 自由　　　　　　B. 效率　　　　　　C. 公正　　　　　　D. 公平

11. 社会主义核心价值观倡导的公正包括（　　　）。

A. 机会平等　　　　B. 程序正义　　　　C. 权利在先　　　　D. 结果公正

12. 社会主义核心价值观倡导的法治坚持（　　　）。

A. 党的领导　　　　B. 三权分立　　　　C. 人民当家作主　　D. 依法治国

13. 友善是维系良好的（　　　）。

A. 金钱关系　　　　B. 人际关系　　　　C. 社会关系　　　　D. 契约关系

14. 社会主义核心价值观以其（　　　）站在人类道义制高点上，彰显出独特而强大的价值观优势。

A. 创造性　　　　　B. 先进性　　　　　C. 人民性　　　　　D. 真实性

15. 中国共产党人的初心和使命是（　　　）。

A. 为人民谋幸福　　B. 为人民服务　　　C. 为民族谋复兴　　D. 人民当家作主

三、简答题

1. 简述社会主义核心价值观和社会主义核心价值体系的关系。

2. 简述社会主义核心价值观的重大意义。

3. 如何积极践行社会主义核心价值观？

四、应用题

根据本章的知识学习与实践体验，组成团队，组织一场以"弘扬和践行社会主义核心价值观"为主题的创意活动。

参考答案

一、单选题答案

1—5：BBDBC　6—10：ADBCA

11—15：CDADC　16—20：BACAD

二、多选题答案

1. ABC　2. ABCD　3. ACD　4. BCD　5. ABC

6. ABD　7. ABC　8. ABCD　9. BCD　10. BD

11. ABD　12. ACD　13. BC　14. BCD　15. AC

三、简答题答案

1.答：社会主义核心价值观和社会主义核心价值体系，两者是紧密联系、互为依存、相辅相成的。社会主义核心价值体系主要包括马克思主义指导思想、中国特色社会主义共同理想、以爱国主义为核心的民族精神和以改革创新为核心的时代精神、社会主义荣辱观。社会主义核心价值观是社会主义核心价值体系的精神内核，它体现了社会主义核心价值体系的根本性质和基本特征，反映了社会主义核心价值体系丰富的内涵和实践要求，是社会主义核心价值体系的高度凝练和集中表达。同时，社会主义核心价值观与社会主义核心价值体系具有内在的一致性，都体现了社会主义意识形态的本质要求，体现了社会主义制度在思想和精神层面的质的规定，是建设中国特色社会主义现代化强国、实现中华民族伟大复兴的中国梦的价值引领。

2.答：①坚持和发展中国特色社会主义的价值遵循。

②提高国家文化软实力的迫切要求。

③推进社会团结奋进的"最大公约数"。

3.答：①扣好人生第一颗扣子。

②把社会主义核心价值观落细落小落实。对大学生而言，就是要切实做到勤学、修德、明辨、笃实。

四、应用题（略）

第五章

遵守道德规范
锤炼道德品格

05

第一节　实践导学

一、实践导言

中学时代，大家曾在《道德与法治》课程中学过"社会生活讲道德"这一主题内容，知道在社会生活中，我们应该尊重他人、以礼待人、诚实守信，也在模拟情境的体验类教学中明白尊重是维持良好人际关系的前提，文明有礼的人更容易赢得他人的尊重与认可，诚信是我们融入社会的"通行证"。

通过中小学的学习和体验，同学们对社会生活中什么是"美"，什么是"丑"，什么是"善"，什么是"恶"有了自己基本的判断。

高考之后，同学们迈入了大学校园。大学是熔铸新知、启迪心智的殿堂，更是传承文明、塑造灵魂的圣地。那么，为什么要加强大学生的道德修养，培育高尚的道德品质和道德情操呢？

但丁说："一个知识不全的人可以用道德去弥补，而一个道德不全的人却难以用知识去弥补。"达尔文在回忆录中写道："作为一个科学家，我的成功，不管它有多大，是取决于种种复杂的思想品德和条件的。"可见，人无德不立。道德品质是人内在成长因素的"统帅"，是一个人立足社会、生存发展的基石，它甚至决定着人生的高度。

大学生是时代的脊梁，是家国的希望。大学生道德素养的高低不仅关系着个人的发展，而且关乎着整个社会的文明状况。诚如习近平总书记在同各界优秀青年代表座谈时所言："青年是引风气之先的社会力量，一个民族的文明素养很大程度上体现在青年一代的道德水准和精神风貌。"青年的样子就是中国的样子！2021 年的 4 月 19 日，习近平总书记在考察清华大学时，对广大青年提出了"立大志、明大德、成大才、担大任"的殷切要求。

那么，应该如何提升自身的道德品格呢？

人的德行不是一种孤存于心、自满自足的抽象物，它是在人的感性活动中生成和发育起来的，并且要通过人的感性活动、感性行为才能得到表现、实现和确证。一个人有无德行，要看他是否将德行同他的活动、行为融为一体，形成德行。换言之，"知"只是行之始，"行"方是知之成。

然而，不可否认的是在品格和品格的实现活动之间，常常有诸多阻碍，尤其是"助人反被讹诈"之类的新闻曝光后，大大减弱了一些同学行善的驱策力，也导致不少同学社会道德意识淡漠。

通过课堂上的理论学习，同学们虽然形成了一定的道德认知，但在现实生活中，面对一些非道德甚至不道德的行为让我们产生困惑，现实情境中道德体验的缺乏也让我们道德共情力的提升产生阻力，造成了知与行的脱节。

那么，如何激发道德情感呢？

体验后的共情激发无疑是有效的方式之一。让我们在微电影角色体验和作品赏析中去感悟道德的光亮和力量，去领略一个个道德榜样如何将自己的至善之德与躬行道德实践统一起来，如何用自己真实恳切的善举去服务人民、服务社会、服务国家，如何在"义"与"利"、"公"与"私"、"争"与"让"之间进行道德抉择……或许，通过这样的体验，可以更好地引发我们的道德情感共鸣，进而不断地提升我们的思想境界和道德层次。

同学们应在实践中实现道德的自我教育，陶冶道德情操，提升道德情感，进而自觉地把道德认知转化为道德实践，真正成为社会主义道德的践行者、示范者和引领者，以磅礴的青春力量引领崇德向善的社会风尚！

二、思维导图

在理论学习和思考的基础上，通过实践深入践行和领悟，促进知、情、意、信、行的合一。本章具体内容的知行转化图如下。

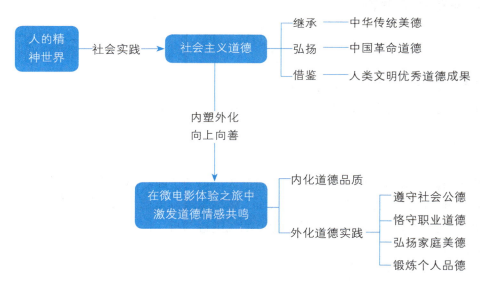

第二节　实践教学设计

一、实践教学目标

（一）知行转化目标

通过实践体验之旅，深化学生的道德认知，激发学生的道德情感，进而积极投身崇德向善的道德实践，自觉遵守社会公德、恪守职业道德、弘扬家庭美德，不断锤炼个人品德。

（二）能力培养目标

通过实践，培养道德行为；通过体验，提升道德共情力。同时，在实践中，提升艺术创作能力、策划统筹能力、团队合作能力以及新媒体应用能力。

（三）情感素养目标

通过实践，强化学生对优秀道德成果和社会主义道德观的认同感，激发学生匡谬正俗、助人行善的道德勇气，引导学生树立起为人民、为社会、为国家多做好事、多做贡献的崇高的道德信仰。

二、实践方式推荐

方式一：微电影创作

以"崇德向善"为主题，通过微电影剧本的编写、微电影的拍摄、微电影的欣赏等系列活动，激发学生的道德情感，内化学生的道德品质，外促学生的道德实践。

方式二：道德实验

教师向学生讲述在道德价值上具有矛盾冲突的故事（即"两难选择"），让学生听完故事后对故事中的人物行为进行评论，从而了解学生进行道德判断所依据的原则及其道德发展水平。在此基础上教师再对学生的道德观进行剖析，深化学生的道德认知，指导学生的道德践履。

方式三："弘扬中国革命道德"读书分享会

由教师指定一本书籍，如罗国杰的《中国革命道德》，让学生在一定时间内完成阅读。在学生阅读完教师指定的书籍之后，组织学生分享、交流读后感，最后教师进行总结、点评。让学生在课外延伸阅读、对话、交流中深刻认识和正确评价中国革命道德，进一步明晰其历史地位、重大作用及其在当代的新发展。

方式四：我帮你实现微心愿

"微心愿"是社会困难群体的微小心愿，满足"微心愿"是社会文明进步和社会爱心温暖的集中体现。活动要求团队成员通过寻访调查，发放心愿卡（各小组自行设计），收集来自空巢老人、留守儿童、山区学校学生、进城务工人员、民工子弟学校学生等特殊群体的微心愿，并在线上（微博、微信朋友圈、QQ 等）线下（所在集体、分院、身边朋友中等）发起微心愿，动员更多的人来认领，帮助这些困难群体实现他们的心愿。

方式五：寻访战"疫"最美逆行者

抗击疫情期间，全国上下众志成城，涌现了许多平凡的逆行者。各小组通过线下采访或云交流等形式，寻访最美逆行者，通过人物专访，记录他们的抗疫故事。（具体操作参见第二章的实践活动）

三、实践设计精选——微电影创作

（一）微电影实践活动基本流程

1. 学生分组

以 6~7 人为一个小组，组成若干组。在充分了解组内每一位成员的特长的基础上，通过组内协商讨论，确定由谁来担任导演、编剧、配音员、摄影师、主演等。导演负责统筹安排小组的任务进度，并做好计划预案。

2. 撰写微电影剧本

可以以全国道德模范、脱贫攻坚道德楷模、战"疫"中的道德先锋等为故事演绎的原型，也可以以身边展现良好道德风貌的真人真事或反映大学生道德生活心路历程的案例为素材，并结合艺术手法，编写出适合拍摄的微电影剧本。

3. 确定剧本和场景

在小组讨论和老师指导下确定最终剧本后，需要将剧本的场景进行评估，寻找合适且安全的取景点，并衡量拍摄的可行性和难易度。对于一些无法达到的效果和场景，需要及时调整，导演应该在这个阶段形成清晰完整的拍摄规划。

4. 器材准备

在微电影开始拍摄之前，需要先统筹好拍摄设备、录音设备、剪辑制片设备和道具等，筹划过程中有不易解决的困难，可以向老师求助，请老师帮忙联系学校的相关机构或部门。多个小组可以协调时间，共用一些贵重设备。

5. 微电影拍摄与配音

统筹好拍摄器材之后，在导演的组织下，按照原定的拍摄计划进行拍摄，如果人员不冲突，可以同时进行配音工作。拍摄过程中，导演需要全程在场，制片人以及编剧最好能在场，思考是否有更好的拍摄效果。

6. 剪辑和后期

在微电影拍摄进行到三分之一或二分之一时，剪辑工作就可以开始了。推荐使用的剪辑软件有剪映、Adobe Premiere Pro 等，添加特效推荐使用的软件为 Adobe After Effects，处理音效推荐使用的软件为 GoldWave，面临多人共同剪辑，需要文件共享时，推荐使用 Microsoft Office OneNote。

7. 微电影作品欣赏

完成微电影制作之后，精心策划、组织、举办微电影首映仪式。观影结束后进行教师点评和学生互评，并请部分同学分享观影感受。最后综合教师和学生的打分，评选出最佳微电影、最佳导演、最佳编剧、最佳摄影、最佳美术、最佳男主角、最佳女主角等，巩固教学效果，激发学生的创作热情。

（二）微电影实践注意事项

1. 题材选择

（1）学生可以针对社会或大学生活的痛点、热点问题，自行选择微电影的主题题材，也可由教师给出 10 个左右的主题供学生参考。学生自行选择微电影题材时，教师应予以指导和把关，保证影片思想健康、格调高雅、亲近"主旋律"。

（2）微电影的题材除了新颖动人，更要传递青春正能量，传达崇德向善的价值观。

（3）微电影的题材选择应该符合大众的审美和影视作品的一般规范，在内容上应贴近大学生生活，并能引人深思，给人启迪。

2. 剧本编写

（1）微电影的剧本编写要遵循创作既来源于生活又高于生活的原则，构思故事走向，拟定人物关系。

（2）整个剧本应以对话的形式撰写，语言力求口语化，词句以短小简洁为佳。

（3）剧本开头应列出剧本名、时间、地点、人物等信息，剧本中间可用中括号的形式提示当时的情景，用小括号的形式提示当时人物的动作、神态等。

（4）在剧本撰写过程中要特别注意故事的起承转合，增加故事的吸引力。

3. 拍摄设备使用

（1）拍摄设备方面，建议一个小组能有一台摄像机，没有专业设备时可以用手机加支架代替。专业的拍摄设备较为贵重，使用时注意保护，每天拍摄完成后都应进行简单维护。

（2）拍摄过程中如果需要用到灯光，缺少专业的镁光灯和反光板，可以用台灯代替。

（3）配音建议使用配音笔，缺少专业设备时可以用手机录音来代替。为保证微电影的最终效果，建议采用双声道，音频比特率尽量在 256bps 以上，采样频率尽量 22kHz 以上。

（4）小组需要有一台后期用来剪辑视频的电脑，配置建议 i7+ 中高端显卡，节省后期剪辑时间的同时，还能减少因设备因素带来的无响应、文件丢失等意外发生。

（5）为保证拍摄视频的质量和最终播放效果，视频的视频码流率建议不低于 1024Kbit/s，视频分辨率建议设定为 1920×1080，视频画幅宽高比建议为 16：9，视频帧率建议设定为 25 帧/秒；上传到教师指定邮箱时若视频过大可以进行压缩，压缩建议采用 H.264 编码，包含字幕的 MP4 格式。

4. 拍摄细节和进度调控

（1）做好拍摄的流程规划，包括但不限于场景的重复使用次数、镜头的拍摄顺序和镜头的覆盖长度等。

（2）拍摄时，先将重要的镜头拍摄到位，相对次要的和临时添加的镜头后拍，并标清拍摄的内容，方便之后整理和剪辑。

（3）注意标注出戏外镜头，并且及时记录，方便后期统筹。例如，某场戏一个演员在窗口望向远方的灯塔，可能你的场景窗外并没有灯塔，灯塔需要在其他地方拍摄，那就需要安排在戏外镜头的拍摄计划中。

（4）拍摄时需要注意安全，选择的拍摄场景需要进行安全评估，较为危险的场景应该予以替换或舍弃，对于正常拍摄过程中可能会出现的意外情况需要有紧急预案。

（5）拍摄时，可以录制一段无声的背景音来避免音场过于突兀的问题。出现音场突兀的情况时，只需要在剪辑软件 Premier 里单独开一个音轨，放上背景音并合理调整音量即可。

（6）拍摄时需要注意演员的妆容和服饰，妆容和服饰需要根据电影选择的背景年代来确定。

（7）拍摄时小组成员需要保持认真、专业的态度，导演做好统筹协调工作，把控拍摄进度。此外导演需要关注团队的节奏，松弛有度、劳逸结合，最大程度地调动小组成员的积极性。

（8）拍摄时需要注意分工，受到人数的限制，往往需要某些人身兼数职，为了拍摄高效、顺利地进行，分工协调时需要慎重考虑。

（三）微电影实践总结样表规范

个人实践总结是个人实践活动评分的重要组成部分，要求格式规范、内容翔实。内容主体包括但不限于小组拍摄微电影时的感想、心得和欣赏微电影的观后感。包括正文和小结两个部分，其中正文部分不少于 1000 字，正文中要体现对道德的思考和见解。

个人实践总结格式

班级：_____　　　第_____小组　　　姓名：_____

小组作品名称：_____　　行政班序号：_____

正文（1000 字以上）
回忆共同拍摄微电影时的场景和欣赏微电影时的感触，撰写个人实践总结。撰写时尽量感情真切，展示团队合作拍摄微电影和欣赏其他小组实践活动成果时的真情实感。文本要求行文流畅、内容完整、可读性强。
小结（小组实践小结和体会，200 字左右）

（四）实践活动评价标准（以微电影体验为例）

1. 微电影实践成果评价标准

实践成果的评分由两部分组成，总计 100 分。其中微电影剧本总分 30 分，从五个维度进行评分，评分工作由教师和每组的代表共同完成，小组之间互评；微电影视频总分 70 分，从六个维度进行评分，小组间互评，欣赏完其他小组的微电影之后，组内按照微电影评分标准商讨给出评分，以各小组和教师所给分数的平均值作为该小组微电影的分数。具体评分标准见下表：

（1）微电影剧本评分标准。

评分指标	分值	评分标准
主题内容	5	思想内容能紧紧围绕道德主题，内容充实具体、生动感人，思想内容健康向上且特色鲜明，有思想性和启发性
	3	选用的题材（故事主线）真实、典型、新颖，事迹感人、实例生动，反映客观事实，具有深刻的道德感染力
语言表达	3	剧本语言精练优美、富有感染力，能给人启迪，人物对话语言精彩，能够深入人心
	3	剧本语言能表现作者所要表达的主题，准确表达剧中人物的内心世界，内容表现上能达到一般剧本的要求

续表

评分指标	分值	评分标准
人物刻画	3	人物刻画特点鲜明，对人物心理有深刻解读，在微电影的表现中能给人深刻的印象
	2	人物刻画具有共性，也具有个性，共性展现了动人的精神特质，个性展现了人物的内心世界
故事情节	3	故事情节有戏剧性，情节完整连贯，多种手法灵活搭配使用，且不同手法搭配使用合理
	3	故事情节具有较强的吸引力和号召力，能较好地与观众的感情融合在一起，引发共鸣
整体结构	3	剧本故事的整体架构合理，剧本情节富有张力，前后的剧情完整，故事线中的矛盾冲突和谐
	2	整个剧本连贯顺畅，符合剧本的规范；剧本具有别出心裁的开篇和画龙点睛的结尾
总分		30

（2）微电影视频评分标准。

评分指标	分值	评分标准
微电影题材	15	微电影题材契合道德主题，电影描述的故事具备现实意义，视角独特，引人深思，给人启迪，且内容符合道德规范
微电影质量	15	微电影画面自然舒适，构图均衡，感光柔和，无剧烈抖动画面，无混乱杂声和声音忽高忽低的现象
艺术感与音效	15	微电影画面艺术感强，背景音效选择恰当，有效调节影片氛围的同时不会对对话或旁白造成不利影响
演员演出	10	微电影中演员的表演张弛有度，演技逼真不浮夸，有真情实感，且无明显的穿帮镜头
微电影完整度	10	微电影需要有片头、片尾包装，有电影名称呈现，有字幕且与声音搭配得当，需包含创作、演职人员名单
微电影时长	5	微电影的时长需要控制在 5 分钟到 10 分钟之间，过长或过短需酌情扣分
总分		70

2. 微电影作品欣赏和立意阐述评价标准

（1）微电影剧本欣赏点评。

小组完成微电影拍摄之后，应该同时提交微电影对应的剧本，由老师组织同学进行评价，每一个小组派出一名同学代表小组参与剧本评价。评价使用的评分表如下。评分完成后，去掉一个最高分和一个最低分，其余分数的平均值即为该微电影剧本的最终得分。

微电影剧本作品评分表

评分指标	分值	评分标准	微电影序号						
			1	2	3	4	5	6	7
主题内容	5	思想内容能紧紧围绕道德主题，内容充实具体、生动感人，思想内容健康向上且特色鲜明，有思想性和启发性							
	3	选用的题材（故事主线）真实、典型、新颖，事迹感人、实例生动，反映客观事实，具有深刻的道德感染力							
语言表达	3	剧本语言精练优美、富有感染力，能给人启迪，人物对话语言精彩，能够深入人心							
	3	剧本语言能表现作者所要表达的主题，准确表达剧中人物的内心世界，内容表现上能达到一般剧本的要求							
人物刻画	3	人物刻画特点鲜明，对人物心理有深刻解读，在微电影的表现中能给人深刻的印象							
	2	人物刻画具有共性，也具有个性，共性展现了动人的精神特质，个性展现了人物的内心世界							
故事情节	3	故事情节有戏剧性，情节完整连贯，多种手法灵活搭配使用，且不同手法搭配使用合理							
	3	故事情节具有较强的吸引力和号召力，能较好地与观众的感情融合在一起，引发共鸣							
整体结构	3	剧本故事的整体架构合理，剧本情节富有张力，前后的剧情完整，故事线中的矛盾冲突和谐							
	2	整个剧本连贯顺畅，符合剧本的规范。剧本具有别出心裁的开篇和画龙点睛的结尾							
总分	30								

（2）微电影视频欣赏点评。

小组完成微电影制作后，教师应该及时组织微电影的欣赏和点评工作。因为微电影教学的着眼点在于通过组织学生拍摄微电影，使其将理论内化为品格、锻造为能力，组织拍摄微电影只是过程和方法，将道德的感染力通过艺术的方式表现出来，使之深入人心才是目的。因此完成作品后欣赏、评析的过程是不可或缺的。

在组织欣赏微电影作品时，教师需要在欣赏前提醒同学们观影时需要思考的问题和观影时的纪律，并保有对微电影作品和微电影制作者的尊重。

微电影放映完毕后，制作该微电影的小组可以有 3 分钟的时间对微电影的立意进行阐述，方便同学们更好地理解本小组的作品。其余小组在听完立意阐述之后，可以基于评分标准进行商讨，并给出自己小组最终对该微电影的评分。下发给每个小组的评分表见下：

微电影视频作品评分表

序号	微电影名称	评分标准						得分
		微电影题材契合道德主题，电影描述的故事具备现实意义，视角独特，引人深思，给人启迪，且内容符合道德规范	微电影画面自然舒适，构图均衡，感光柔和，无剧烈抖动画面，无混乱杂声和声音忽高忽低的现象	微电影画面艺术感强，背景音效选择恰当，有效调节影片氛围的同时不会对对话或旁白造成不利影响	微电影中演员的表演张弛有度，演技逼真不浮夸，有真情实感，且无明显的穿帮镜头	微电影需要有片头、片尾包装，有电影名称呈现，有字幕且与声音搭配得当，需包含创作、演职人员名单	微电影的时长需要控制在 5 分钟到 10 分钟之间，过长或过短需酌情扣分	
		15	15	15	10	10	5	
1								
2								
3								
4								
5								
6								

注：该表使用时可以横向排版

四、实践成果范例

（一）道德类微电影范例

1.《"疫"路有我，向阳而行》

【关键词】道德信仰；脱贫攻坚；疫情防控；志愿服务

【梗概】本片展现疫情期间，基层组织贯彻落实习近平总书记反复强调的"要把人民群众生命安全和身体健康放在第一位"的党员群众奋斗在一线的画面，通过描述主人公丁思杰作为疫情防控的志愿者，在疫情期间参与志愿服务活动的故事，串联起疫情中坚守岗位的平凡又不"平凡"的人物，普通而又"不普通"的故事。疫情中，每一颗炽热的心都心系国家，每一位中国人都尽可能不给国家添麻烦，尽力为抗击疫情做出贡献，展现出中国平凡大众崇高的道德信仰……

> ——选自贵州民族大学人文科技学院："疫"路有我，向阳而行，"我心中的思政课"第四届全国大学生微电影展示活动获奖作品，http://szk.whu.edu.cn/zp/4/2020-10-29/1037.html，2020 年 10 月 29 日

2.《青春的天枰》

【关键词】传统美德；诚信；选择；初心

【梗概】诚实守信是中华民族的传统美德，是现代文明的基石和标志，也是为人处世最重要的品质。微电影主要以男主人公在考试中的诚信选择问题为主线展开。影片中的男主人公孙靖淘是一名成绩优异的优秀学生代表，但在一次考试中他意外地落榜了，并被老师教育了一番。与此同时，他也正面临着与大多数同学一样的爱情选择，毕业之后就将与恋人分别。在双重压力的交织下，孙靖淘迎来了学校的期末考试。孙靖淘渴望取得好成绩，于是在进入考场前把作弊小抄放进了口袋里……

> ——选自辽宁大学：青春的天枰，"我心中的思政课"第三届全国大学生微电影展示活动获奖作品，http://szk.whu.edu.cn/zp/3/2019-10-18/546.html，2019 年 10 月 18 日

3.《有的人》

【关键词】教师道德；教育；行为准则

【梗概】曾经一直以优秀教师的身份被全校师生认可的胡老师，最近却有了麻烦。一次课上，在教育一名不听话的女学生小岚时，他随手把书本扇在她的脸上，却没想到小岚在课堂上晕倒了。小岚醒来后，声称

自己什么都听不到了。校方对此事极其为难，小岚的父母扬言不会放过胡老师，身边的家人和同事也都与他渐渐疏远。但他坚信自己是个有分寸的人，怎么她就听不到了呢？眼看自己的生活变成一团乱麻，胡老师决定拼尽所能证明自己的清白……

　　——选自北京电影学院 2015 届毕业生：有的人，https://www.xinpianchang.com/a18008?from=UserLike，2015 年 10 月 11 日

4.《光点》

【关键词】道德养成；厚德载物；光点；疫情；志愿服务

【梗概】本片围绕主人公甘俊超大学期间在德行操守方面的成长事迹展开。甘俊超受家庭教育影响，从小便养成了乐于助人的好习惯。在他进入大学之后，依然乐此不疲地帮助身边需要帮助的人。但是周围的人却不理解，他们觉得这是一种作秀。甘俊超很受打击，开始彷徨、犹豫，怀疑自己的坚持是否正确。在这样的情况下，甘俊超学习了学校开设的《思想道德修养与法律基础》课程，在思政课老师的讲授和全国道德模范董明女士的鼓励下，甘俊超坚定了自己的决心，明白了道德养成和持之以恒的重要性。在他大三时，新冠肺炎疫情暴发，关键时刻，甘俊超报名成为武汉大学人民医院东院区的一名大学生志愿者，在志愿服务期间……

　　——选自武汉交通职业学院：光点，"我心中的思政课"第四届全国大学生微电影展示活动获奖作品，http://szk.whu.edu.cn/zp/4/2020-10-29/993.html，2020 年 10 月 29 日

5.《信号》

【关键词】网络生活；道德要求；自律；同学互助

【梗概】当今世界，互联网技术日新月异，网络已成为人们获取信息、进行人际交往的重要媒介和工具。但是，越来越多的年轻人，沉迷其中，无法自拔。一些在校大学生痴迷于手机世界，忽视现实生活，沉溺于网络游戏不能自拔，导致耽误学习甚至放弃

学业现象的产生。影片剧情描述的是三位沉迷于网络的女大学生，她们表情呆滞，肢体木讷，对外界感知能力衰退，与旁人无任何语言交流，甚至难以正常地学习和生活。有一天，网络信号突然消失，她们无奈茫然地抬头，却不知道该何去何从。在女主角的帮助下，三位女生开始尝试放下手机，捧起书架上落满灰尘的书籍，打理书桌上奄奄一息的绿植，跟随着老师的节奏在课堂上汲取知识，与同学们一起学习进步……但是，当网络信号重新恢复的那一刻，她们又会做出怎样的选择呢？

　　——选自上海应用技术大学：信号，"我心中的思政课"第四届全国大学生微电影展示活动获奖作品，http://szk.whu.edu.cn/zp/4/2020-10-29/799.html，2020 年 10 月 29 日

（二）微电影剧本范例

1.《一张假币》

【故事梗概】剧本情节围绕一张五十元的假币展开。饭店老板收到一张假币，由于经营的是小本生意，这对他来说算是一件倒霉的事情了，于是他的心理开始发生变化，想着如何再把这张假币当找零从手中流出去。一位农民工到饭店就餐，成了老板的首选目标。五十块钱是流出去了，但农民工心地善良，他在饭店掏钱为流浪的孩子安排吃饭。当农民工掏出那张假币资助孩子时，饭店的老板被这富有深情的一幕所感动，于是他委婉地将假币收回，换成一张百元大钞送给需要被救助的孩子……

时间：晚上

地点：小吃店

人物：小吃店老板——男，42岁，比较吝啬，见钱眼开。

农民工——男，46岁，憨厚老实，节俭朴素。

郑杰——男，13岁，可怜，老实。

女顾客——女，32岁，谨慎。

【第一幕：小吃店里放着轻快的音乐，女顾客在吃面，老板哼着歌在数钱】

老板：一百，两百，两百五，两百七十六。唉，不对。（双手拿着面值五十元的钱来回搓）不好，这是假钱。（右手拍脑门）谁这么缺德，还给我一张五十假币。唉，关键我这一天小目标就三百，现在收了个假钱给我这小目标直接打对折了，这回家还不得被媳妇打骨折了，这咋整啊？（愁眉苦脸）

女顾客：（用纸巾擦嘴）老板，结账。（转身看老板）哎，老板你快点，我赶时间呢！

老板：喔，好，一共二十一元。

女顾客：喏，给你五十，找零吧。我赶时间呢！

老板：那个美女啊！你能不能给我个大钱，我那个钱找不开（手忙脚乱），不是，我是说那五十元找不开，不是……

女顾客：你这人怎么这样啊，给你零钱你还找不开，还要大钱。（手指老板）我算看明白了，你是不是看我没文化想收大钱，然后讹我呢？我告诉你啊，我当年可是理科状元，那名声是响当当的，你还想打我算盘。

老板：不是，美女，哎呀，都是误会，我这就找你的钱，来，找你钱，找你三十啊，那一块算是我给你赔罪了啊！

女顾客：谁稀罕你的一块钱，哼，（接钱，扭头，提包，向门外走去）下次给我注意点！（转身）喔，你没有下次了，我决定再也不来你这儿吃了。拜拜！

老板：这啥人啊，不吃就不吃，我收个假币容易吗我？今天咋这么倒霉啊！（拿起

五十元假币看）

【第二幕：农民工上场，在门外拍了拍身上的灰】

农民工：老板，老样子啊。

老板：（顿了一下）喔，好的，你先找位子坐啊。我说你啊，每次都那么抠，这一碗面能吃饱吗，干得动工地上的活吗？记得没零钱找你给你加个蛋，你硬是给我退回来。你说你图啥呢？

农民工：（靠门的位置坐下）没事，一碗面吃得饱了，再说我孩子还在读书，能省点就省点。

老板：要我说，你还是太抠，恨不得把自己脚丫都抠了，你这省能省出几个钱，再说你那工作可是要命的啊。

农民工：我看老板不省也没发大财啊！

老板：（上面）谁说我没发财，我刚刚还收了……

农民工：收了什么？

老板：啊，这个，没什么。（神情紧张）就是赚了点大票。（老板恭敬地端上面）

农民工：来你这吃了好久了，就没看到过你赚大票。来今天哥就让你看看大票。（拿出新的一百元大票递给老板）

老板：哟，哥，今天是发工资了？你可是头一次拿大票，好！你等着，我这就给你找钱去。（脸部诡异的笑，跑向柜台）

农民工：看你这么高兴，看来是真赚大钱了啊！

老板：没，就一小点。喔，对了哥，我这没零钱了，还差两块，给你加个卤蛋吧。

农民工：不行，这卤蛋我不吃，你找我钱。

老板：哥，你看你还是那样，还是那么抠，这都发工资了还那么省。（从衣兜里拿出五十假币放到零钱里）行，我再给你找找啊。（缓步向农民工走来）哥，找了一下，刚好够，来找你八十八块，你点一下。

农民工：（接过钱放进衣兜里）不用点，我相信你。

老板：（搓手）哥，你就这么放心我啊！不怕我给你算错了？

农民工：我听说你可是理科高手呢？会算错吗？

老板：那是不会算错，可你不怕我给你假钱吗？

农民工：大家都是在为钱打拼，我相信你不会那么干的。（笑了笑继续吃）

老板：（有点紧张，说话结结巴巴）那，那行吧，你先吃，我去收拾一下。

农民工：嗯，你赶紧去忙吧，多赚钱，晚上回家老婆乐呢。

【第三幕：郑杰上场，头发凌乱，身上背了个大麻袋，伸出舌头舔嘴唇，目不转睛地看着农民工的面】

老板：去去去，别挡在门口影响我做生意。

农民工：（看向男孩，笑了笑）饿吗？想不想吃？

郑杰：（点了点头）嗯。

农民工：老板，再来碗面，加个卤蛋。

老板：哥，我没听错吧，加卤蛋？

农民工：赶紧的，没看到你门口来客人了吗？

老板：哥，他可没钱。

农民工：放心，我给。来，小伙进来坐。

老板：好吧，马上来。

农民工：小伙，你叫什么名字？你爸爸妈妈呢？

郑杰：（看了看农民工）我叫郑杰。我爸爸和你一样，但他去工地就再也没回来，我妈妈和一个叔叔走了。

农民工：喔，你今天捡了这么多瓶子啊，你很棒的！（竖起大拇指）

老板：（端着面走来）来，面好了，还有卤蛋。

农民工：郑杰，快吃吧，我请你的。

（郑杰狼吞虎咽地吃起来）

老板：这孩子怪可怜的。哥，你认识他？

农民工：不认识。

（老板走回柜台）

郑杰：（吃完面，抹着嘴）谢谢你叔叔，你真是个好人。

农民工：没事，孩子，你家住哪儿？

郑杰：我没有家了，他们都不管我了。

农民工：（拿出身上的零钱）来，郑杰，拿着这五十块钱，去买点好吃的。叔叔也没多少钱，只能给你这么多。

郑杰：不，叔叔，我不能拿你的钱，你和爸爸一样很辛苦的。

农民工：你先拿着吧！没事，我还能赚的。

老板：（跑过来抽走了五十块钱）你不能给这钱。

农民工：你干吗？这是我自己的钱，给我拿回来。

老板：（顿了一下）哥，这孩子太可怜了。（从衣兜掏出一百块钱）来，你们这顿我请了。

农民工：这怎么行？

老板：哥，你什么也别说了。（又从衣兜掏出一百块）来，孩子，拿着这点钱去买套好衣服，以后就到我这儿帮忙吧！保准你吃饱饭。

郑杰：（鞠躬）谢谢叔叔，我马上去。（高兴地跑出去）

农民工：我也替孩子谢谢你，我这给五十块钱也不能解决他吃饭的问题，还是你想得周到。

老板：没什么，他太可怜了！（高兴地笑，并偷偷地撕毁了五十块假币）

【完】

——选自浩子轩：一张假币，江山文学网，https://www.vsread.com/index.php/article/showread?id=873448，2018年12月19日

2.《会发光的"傻子"》

【故事梗概】本片讲述了一名缺乏责任担当的大学生张宇的故事。在经历新冠肺炎疫情时，他觉得与己无关，可以置身事外。所以他对身边坚守岗位的爸爸、参与志愿防疫工作的同学充满了不理解。直到听过老师在思政课中的讲授与分析，才逐渐理解并接受了这种有"大爱"的行为，并且开始思考自己作为当代青年大学生中的一员，应当扮演什么样的角色，也就此点燃了他对思政课的喜爱。后来，他走进了乡村，用实地调研的方式去了解当代农村的生活现状，以及村民们对未来生活的向往。这对于一直以来都没有目标计划，生活都是得过且过的张宇来说是一个强大的冲击……

时间：当代

人物：张宇（主人公，大学生）、狗子、同桌、教师1、教师2、爸爸、妈妈

【第一幕】

时间：一天下午

地点：教室

（教师1在黑板上写下"爱国是最大的责任"）

教师1：各位同学下午好，今天我们这堂课的重点是理解"爱国是最大的责任"。

同桌：（轻推张宇胳膊）哎，哎，别睡了，都第三节课了。

（张宇醒过来，摸了一把脸，歪过头看了同桌一眼。）

教师1：我们今天讲到责任，其实在人的一生当中，有很多种责任，有对自己的责任，对家庭的责任，对职业的责任，对社会、对国家的责任。

（张宇摸出手机看了一眼时间，15：19，偷瞄了两眼，确定老师在背对着写板书后，开始玩手机）

（游戏启动音效，老师停下了写板书的手，张宇紧张地咽了一下口水，悄悄把手机从桌面上拿走）

教师1：张宇！

张宇：（站起身）到。

【第二幕】

时间：2020年1月12日

地点：宿舍

张宇：兄弟们，兄弟们，快别收拾了，抓紧来开黑，快点快点。

室友：打什么打，都9点了，我明早的车要走了。

张宇：9点！游戏时间对不对？这马上就要放寒假了，咱兄弟就不能一起开黑了。快快快，来一把，快来一把，来来来来来。

（两个室友拉过凳子坐下）

张宇：上号上号，狗子，你去隔壁寝室把那两个人叫过来，咱一起五黑啊。

狗子：行。

旁白：我叫张宇，在学校和大家一起玩耍的时光，我觉得，是我人生中最开心的时候。

【第三幕】

时间：2020年1月25日，大年初一

地点：家

（张宇坐在沙发上看着电视里播放的相声，冷淡一笑，觉得无聊，又拿出手机开始打游戏）

妈妈：（帮爸爸整理防护服）一个人在外面一定要注意安全。

爸爸：（戴上口罩）放心，社区都返岗，又不是只有我一个人。（转头看见张宇在玩游戏，伸出手指着他）你这这这……

妈妈：你这孩子，怎么天天就知道打游戏，眼睛还要不要了？

（张宇翻了个白眼，转向另一侧继续玩）

爸爸：你什么态度啊你，你看看你这个脑袋弄得，跟个小流氓似的。你看我忙完这阵回来，怎么收拾你！

（张宇回自己房间并关上门，躺在床上，拿出手机给朋友发消息）

张宇：开一局！

朋友：有点忙。

张宇：大过年的忙什么，我都快无聊死了！

朋友：在参加我们村的防疫志愿工作，现在在门口劝返拜年的人呢！

（朋友发来一张志愿者的照片）

张宇：我去，你是傻子吗？那有什么好玩的？能赚钱还是有表彰，这么积极？我躲都来不及呢！

（张宇放下手机，在床上伸了个懒腰）

【第四幕】

时间：2020年2月26日

地点：张宇房间

旁白：开学没有如约而至，终于拥有了梦想中的超长假期，却因为长时间待在家里感到焦虑，没有了教室，没有了同学，我比在学校的时候更加放纵自己。

张宇：(游戏失败，用被子盖住头)一群猪队友！

(手机响起，张宇拿起手机眯着眼睛看了一眼，看着墙上课表上写着的思政课，摆好床上桌，打开网课直播)

教师2：各位同学大家好，这个学期我们要共同来学习一门新的思政课，没想到会以线上教学这种形式来和大家见面。

(张宇拿出漫画书开始看)

教师2：在此次抗击疫情过程中出现了许多逆行者，在我们身边也有很多人参与了志愿防疫工作。他们的初心是什么？他们的使命又是什么？难道他们就不怕被传染吗？他们就不害怕面对死亡吗？他们的身边就没有爱人、亲人和朋友吗？

(张宇回想起爸爸戴上口罩出门的画面，想起朋友在志愿抗疫的照片)

教师2：当然会，当然有，没有生来无畏，只有选择英勇。此时的他们把守护家人、守护民族，当作身上最重要的使命……在这节课的最后我给大家留一个思考题，(张宇调高了直播的音量)作为时代新人的我们，应当如何担负起这个时代所赋予我们的责任和使命呢？

张宇：(托腮沉思)责任，使命。

【第五幕】

时间：2020年6月3日

地点：学校

旁白：疫情渐渐消退，终于开学了，空荡荡的校园也迎来了生气。

教师2：我们概论课每学期都有实践活动，本次的主题是下乡调研，可以是扶贫问题，也可以是留守老人、儿童等问题。具体的调研内容，由你们实际走访后自行确立。这也算是我们开展暑假"三下乡"活动的前期考察。

(张宇和同学们下乡调研)

旁白：这对我来说真的是一次很不平凡的经历，作为一个在城市里长大的孩子，我在生活中关注更多的只有自己，但其实就在我的不远处，还有很多为了生活拼命奔波的人，当中也不乏我的同龄人。

乡下大爷：今后我家里的小孩都要和你们一样，个个上大学，这就是我们老一辈的希望。

旁白：当看着一位老人和我说，孙子明年上中学，今年多要了几亩地时，那充满希冀的眼神，我心中的滋味无法言语，是时候做些改变去迎接下个学年了(张宇把头发染成了黑色)。

【第六幕】

时间：2020 年 7 月 22 日

地点：家

（张宇和妈妈在看新闻联播，爸爸打着电话从房间里走出来）

爸爸：行行行，我马上去接你们，你们把电闸关一下。

张宇：爸！

爸爸：老家发洪水了，我现在要去把你爷爷奶奶接回来。

张宇：那边情况怎么样了？

爸爸：老家情况还好，咱们家地势高，但是通知今天晚上要泄洪，所以我现在必须马上出发。

张宇：要不让我也去吧？

妈妈：你去干什么，好好在家里待着就行了。

张宇：可是现在村里年轻人这么少，我也想为村里做一些事情。

爸爸：现场比较混乱，也很危险，你还是留在家里，陪妈妈把爷爷奶奶的房间收拾一下。

张宇：我就是想做一些力所能及的事情。

爸爸：看来儿子长大了，就让他跟我去吧，历练历练也好。

妈妈：去吧去吧，赶快收拾一下衣服。

张宇：谢谢爸妈。

妈妈：注意安全啊。

爸爸：好，我先下去，你们马上下来。

（小区楼下）

妈妈：到那边注意，一定不要去堤坝上，太危险了，听村主任指挥，不要擅自行动，天气热，要多喝水，不然会中暑的。花露水你拿没？我上去给你拿花露水去。

张宇：我拿了妈，放心好了，我都是个成年人了，我会照顾好自己的，别送了，别送了。我知道了，我走了，拜拜。

旁白：这次好像我也做了回"傻子"，可是"傻子"又如何呢？虽然我的力量就如同萤火虫的那一点微光，但我也相信，这微光一旦聚集，足以点亮未来……

【完】

——选自江西服装学院：会发光的"傻子"，"我心中的思政课"第四届全国大学生微电影展示活动获奖作品，http://szk.whu.edu.cn/zp/4/2020-10-29/1029.html，2020 年 10 月 29 日

3.《终极面试》

【故事梗概】平乐公司在招聘新员工，周信强通过层层选拔，来到了最终的面试现场，与另一个新员工候选人林娜拉要争夺唯一一个名额。在候场区内，林娜拉因生理期吃下一片止痛片，被周信强看见，而且他看见林娜拉的包里露出了一包卫生巾。周信强便以此做文章，并谎称林娜拉是他的女朋友，骗得了面试官的信任并被录用。结果，在报到的第一天，他就大吃一惊……

时间：当代

人物：周信强、林娜拉、副主管

画外音：平乐公司招聘新员工，周信强通过层层选拔，来到最终的面试现场。在那里，周信强看到还有另一个新员工候选人——林娜拉，两人要争夺唯一一个名额。

推出片名：终极面试

【第一幕】

（候场区内，林娜拉今天处在生理期，她从包里拿出了一片止痛片吃下。这一幕恰巧被周信强撞见了，而且他看见林娜拉的包里露出了一包卫生巾）

周信强：（犹豫一下，上前搭话）你不舒服吗？我叫周信强，是来面试的，你呢？

林娜拉：（点点头）我叫林娜拉，和你一样，也是来面试的。

周信强：身体不舒服，还是先去看医生吧，毕竟身体才是最主要的。

林娜拉：没什么，就是肚子不太舒服……

（周信强这下确定是怎么回事了，他起身给林娜拉倒了一杯热水。林娜拉客气地接过水杯，二人攀谈着……）

【第二幕】

（面试场内，坐着一位中年男子，是部门的副主管）

副主管：我是平乐公司副主管，本来是由我和新调来的主管共同担任面试官的，因为新主管要先对部门做一番考察，一直还未到岗，所以这次的面试就先由我一个人负责了。

（坐在对面的林娜拉显得沉稳平静，而周信强则有些局促不安）

副主管：（默默打量着二人，面对周信强）紧张吗？

周信强：对我来说，这是一个非常重要的机会，所以的确是有一些紧张的。

林娜拉：（认真听着周信强的话，频频点头）

周信强：不过娜拉是我女朋友，我们今天无论谁胜出，对我来说都是很好的结果。

副主管：噢，你们是情侣呀？那可不要伤了和气！

林娜拉：（一脸震惊，疑惑又愤怒地对着周信强）你为什么撒谎？

（林娜拉突然升高的语调把副主管吓了一跳，副主管立马皱起了眉头，不悦地看着林

娜拉）

周信强：您别在意，她今天生理期。

副主管：（对着周信强点点头）哦……

林娜拉：（内心独白）难怪他那么"关心"我呢！看来这面试官对他的话深信不疑，已经完全站在了他那边，这个时候若揭穿他，只会显得自己更加无理取闹，还是暂且忍耐吧！

（下面继续面试，副主管的表现明显偏向于周信强）

【第三幕】

（周信强满脸放松地回到了候场区）

林娜拉：（怒气冲冲的）你为什么这么做？

周信强：（得意扬扬的）告诉你也无妨，反正候场区是不允许携带录音设备的，说了你也拿我没办法。说你是我女朋友，一是想证明我的个人品德和交友能力没问题；二是想间接提醒一下面试官，你将来会碰到的婚育问题。另外，提到生理期，是想跟副主管暗示，你作为女性，可能会经常因为身体原因影响工作。

林娜拉：哦，原来如此。你可真是费尽心机啊！

周信强：没办法，只录用一个人，我不得不略施小计啊！

林娜拉：只怕你是枉费心机！

周信强：（自信的）呵呵，那咱们骑驴看唱本——走着瞧！

【第四幕】

画外音：回家后，林娜拉写了一封邮件，如实讲述了这一切，发给副主管。邮件发送成功后不久，林娜拉就收到了副主管的回信，只有轻飘飘的六个字——不要伤了和气。这让林娜拉觉得拳头打在了棉花上。就这样，周信强顺利入职平乐公司。

（周信强十分兴奋地到公司报到。来到会议室，看到了之前面试自己的副主管）

周信强：（深深地鞠了一躬）非常感谢您的赏识。

副主管：（故作姿态）不用客气，人尽其才嘛！新主管一会儿就来，我今天也是第一次见，好好表现哦！

（副主管话音未落，就听到了高跟鞋越来越近的声音。突然，副主管和周信强脸上的期待变成了惊讶。）

副主管：（疑惑）你女朋友怎么来了？

周信强：（内心独白）没想到新主管没来，她倒来了，一定是来闹事的。我要咬定她是我的女朋友，这样的话，事闹得再大，大家也只会认为是"家庭纠纷"。（想着，迎上去）娜拉，你怎么来了？

林娜拉：（没有理睬周信强，径直走进会议室，坐到了最中间的那把椅子上）自我介绍一下，我是新调来的主管林娜拉，我们发现，近年来，你们部门接到的关于性别歧视的投诉位居公司十个部门之首，于是上级安排我隐藏身份，和候选人一起参加面试选拔，用这种方式对部门进行考察，寻找问题。那天周信强撒谎时，我没有坦白身份，是因为我想搞清楚周信强这样做的目的，也想观察副主管处理这种事情的方式。

（副主管和周信强这才看到，林娜拉别在胸前的工作牌——"主管林娜拉"。周信强的脸瞬间涨得通红，一个字也说不出来；副主管也意识到了事情的不妙）

林娜拉：周信强，你本来已经被我们部门录用，那天的最终面试只是考察你的一个形式，但因为你临时的过分举动，你将被平乐公司永久拉黑。

（周信强瞬间觉得五雷轰顶，自己想方设法得来的职位就这样泡汤了，他一时还接受不了这个事实）

副主管：林主管，我看，这也不是什么大问题吧……

林娜拉：你是怕自己的业绩受到影响，从而拉低整个部门的绩效吧？这个你不用担心，因为你现在已经被调离我们部门了，上级已经审批通过。根据我的调查，部门近年来接到的性别歧视投诉都和你有关系。

（一番话，让会议室变得鸦雀无声。很快，两人灰头土脸地走出了会议室）

【完】

——选自广木：终极面试，中国国际剧本网，http://www.juben108.com/wdy_706402_1/，2021年7月6日

4.《医路精诚》

【故事梗概】本片讲述的是一群心怀理想的医学生在同学周增的幻想中，抢救完学校实验室爆炸受伤的同学之后，竟然意外穿越时空，回到了民国时期的校园附近。面对陌生而又熟悉的昔日同窗，看着烽烟四起的满目疮痍，他们义无反顾地加入了救援队伍！运用自己在学校所学的专业知识救死扶伤；面对感染传染性恶疾的垂危病人不离不弃；拼尽全力，用最冷静的思维和最勇敢的心态挽救了一个又一个生命，而后回到现实……

时间：当代

人物：周增（主人公）、教师、男学生1、男学生2、女学生1、女学生2、女学生3、男路人1、男路人2、女路人1、女路人2、女路人3、伤员1、伤员2

【第一幕】

时间：一天上午

地点：教学楼走廊

旁白：中华传统美德是中华文化的精髓，蕴含着丰富的思想道德资源，中国革命道德是对中华传统美德的继承与发展，是中华民族极其宝贵的精神财富。大学生应当自觉

继承并弘扬中华传统美德和中国革命道德。同时，要以开放的胸怀，吸收人类文明的有益道德成果，不断深化对社会主义道德的认识。

【第二幕】

时间：一天上午

地点：教室

教师：同学们，通过刚才的讲解我们已经了解了，大学时期是道德意识形成和发展的一个重要时期，我们每一名医学生，都应当自觉提升自身的道德素质和道德修养。那么，作为新时代的大学生，我们又应该如何投身于崇德向善的道德实践中呢？

周增：（走神）

【第三幕】

时间：一天上午

地点：校园内

（6名学生走在路上，发现不远处有爆炸发生）

女学生1：快看，那好像是有机实验室的方向！

（6名学生停下脚步观望）

男学生1：那还等什么，快去看看！

（6名学生加快脚步，一辆救护车开来，学生换上白大褂）

【第四幕】

时间：一天上午

地点：手术室

（6名学生出现在手术台前，女学生2给周增递手术剪）

女学生2：又是一场时间与生命的较量，所幸我们赢了。（周增把手术剪递给女学生2）

（女学生1缓缓点头，女学生3给女学生1擦汗）

【第五幕】

时间：一天上午

地点：走廊

（6名学生走出手术区，穿越到民国时期）

【第六幕】

时间：民国时期

地点：崆峒古镇

（周增匆忙赶路）

男学生2：周增，你为什么在这里？

周增：你们是谁，为什么会在这儿？这儿很危险，赶快离开，我还要去救人。

女学生3：（上前一步）诶，发生了什么？

男路人 1：救什么人？

女学生 2：或许我们可以帮上忙。

女学生 1：对呀！

周增：（皱眉）唉。

3 个女学生：咱们跟上去看看吧。

女学生 2：（看向男学生）我们跟上去吧。

男学生 2：（看男学生 1 一眼）好的，我们快走。

（5 人立刻跟了上去）

【第七幕】

时间：民国时期

地点：医疗点

（女学生 1 给伤员 1 处理伤口）

女学生 3：（带着听诊器听伤员 2 的心率和呼吸）心率 50，呼吸 10。

（男学生 2 对伤员 2 进行胸部按压）

女学生 3：患者意识障碍出现休克现象，初步诊断为恶性传染病——疟疾，是否放弃治疗并进行患者隔离？

男学生 1：（边做胸部按压边看着女路人 2）不到最后一刻，我们决不能放弃。

女学生 3：我相信您比我更清楚在这个医疗条件下被传染恶疾的严重后果。

男学生 1：好了，不要说了，赶快通知担架，将病人送到临时医疗基地进行治疗。

女学生 3：好。（起身，招手）来抬一下担架！

（男学生 2 和女学生 2 闻声赶来）

女路人 2：（对伤员 2）坚持住！

2 个男学生：快！

男学生 2：（对伤员 2）坚持住，坚持住！

（4 人抬着担架进入临时医疗点）

【第八幕】

时间：一天上午

地点：教室

教师：好了同学们，今天的思政课就先讲到这里，下面请大家去参加医学生宣誓大会。同学们，再见。

【第九幕】

时间：一天上午

地点：学校广场

全体医学生：健康所系，性命相托，当我步入神圣医学学府的时刻，谨庄严宣誓：我志愿献身医学……

旁白：纵千万人，吾往矣。不怕艰难险阻，我们不忘初心，砥砺前行。既然身着白衣，就要对生命负责，在这个神圣的岗位上，责任永远比技巧重要。我们是医学生，我们更是未来的医务工作者，我们同样是生命，同样也有亲人。我们愿意用一次次辉煌的陨落，挽救一个个垂危的生命。别去问，值得与否，爱与责任便是我们肩负重任的前行动力！

【完】

——选自甘肃医学院：医路精诚，"我心中的思政课"第四届全国大学生微电影展示活动获奖作品，http://szk.whu.edu.cn/zp/4/2020-10-29/1025.html，2020 年 10 月 29 日

第三节 知识回顾与运用

一、单选题

1. 社会主义道德的核心是（　　　　）。

    A. 为人民服务　　　　B. 敬业奉献　　　　　C. 自由、平等　　　　D. 勤俭自强

2. 下列不属于家庭美德的内容的是（　　　　）。

    A. 尊老爱幼　　　　B. 男女平等　　　　　C. 夫妻和睦　　　　D. 奉献社会

3. 职业道德是指从事一定职业的人在职业生活中应当遵循的（　　　　）。

    A. 具有领域特征的道德要求和行为准则

    B. 具有职业特征的道德要求和行为准则

    C. 具有岗位特征的道德要求和行为准则

    D. 具有行业特征的道德要求和行为准则

4. 遵守职业道德是对每个从业人员的要求。从业人员在职业工作中合法经营、信守承诺、讲究信誉，这是职业道德中（　　　　）。

    A. 办事公道的基本要求　　　　　　　　B. 爱岗敬业的基本要求

    C. 诚实守信的基本要求　　　　　　　　D. 奉献社会的基本要求

5. 社会主义道德的基本原则是（　　　　）。

    A. 共产主义　　　　B. 社会主义　　　　C. 集体主义　　　　D. 爱国主义

6. 马克思主义道德观认为，（　　　　）是道德起源的首要前提。

    A. 上天的命令或者神的旨意

　　B. 情感欲望

　　C. 劳动

　　D. 先天存在的良心、理念或精神

7.（　　）是道德赖以产生的客观条件。

　　A. 经济基础　　　　　　　　　　　B. 社会关系

　　C. 人的自我意识　　　　　　　　　D. 劳动

8. 社会公德涵盖了（　　）。

　　A. 人与人、人与社会、人与动物之间的关系

　　B. 人与人、人与社会、人与环境之间的关系

　　C. 人与人、人与社会、人与自然之间的关系

　　D. 人与人、人与社会、人与世界之间的关系

9.（　　）是社会主义职业道德中最高层次的要求，体现了社会主义职业道德的最高目标指向。

　　A. 爱岗敬业　　　　B. 诚实守信　　　　C. 热情服务　　　　D. 奉献社会

10.（　　）在社会道德建设中具有基础性作用。

　　A. 社会公德　　　　B. 家庭美德　　　　C. 职业道德　　　　D. 个人品德

11.（　　）是志愿服务精神的精髓。

　　A. 友爱精神　　　　B. 互助精神　　　　C. 奉献精神　　　　D. 进步精神

12. 良好的道德风尚是人们在（　　）逐渐形成发展起来的。

　　A. 课堂学习中　　　　　　　　　　B. 志愿服务中

　　C. 奉献爱心中　　　　　　　　　　D. 社会道德实践中

13. 由一定的规范维系的人们公共生活的一种有序化状态是（　　）。

　　A. 公共生活　　　　　　　　　　　B. 公共秩序

　　C. 公共场所　　　　　　　　　　　D. 公共领域

14.（　　）是社会风尚的重要体现。

　　A. 社会文明状况　　　　　　　　　B. 国家富强

　　C. 人民幸福　　　　　　　　　　　D. 民族复兴

15. 中国的革命道德萌芽于（　　）。

　　A. 土地革命时期　　　　　　　　　B. 秋收起义时期

　　C. 辛亥革命时期　　　　　　　　　D. 五四运动前后

16. 社会主义道德强调国家利益、社会整体利益和个人利益的辩证统一。长期以来，（　　）已经成为调节国家利益、社会整体利益和个人利益关系的基本原则。

A. 社会主义道德   B. 为人民服务

C. 集体主义   D. 中国革命道德

17. 传统道德中的义利之辨、理欲之辨，其核心和本质是（   ）。

    A. 公私之辨   B. 忠孝之辨

    C. 和战之辨   D. 儒法之辨

18. 推崇仁爱原则，在人际相处上，主张（   ）。

    A. 各民族互相交融、和衷共济，建设团结和睦的大家庭

    B. 倡导亲仁善邻、协和万邦，与世界其他民族在平等对待、互相尊重的基础上发展友好合作关系

    C. 与人为善、推己及人，建立和谐友爱的人际关系

    D. 以诚待人、讲信修睦

19. （   ）是网络空间道德建设的基础。

    A. 网络行为主体的文明自律   B. 良好的网络道德环境

    C. 建立健全的网络道德规范   D. 正确使用网络工具

20. 道德模范是群众身边看得见、摸得着的榜样，是（   ）的标杆。

    A. 可敬但不可学   B. 可以学、能够学

    C. 高大上   D. 可崇敬但不可模仿

二、多选题

1. 以下属于公共生活中的道德规范的有（   ）。

    A. 文明礼貌   B. 助人为乐   C. 爱护公物   D. 保护环境

2. 下列属于职业生活中的道德规范的有（   ）。

    A. 爱岗敬业   B. 诚实守信   C. 办事公道   D. 热情服务

3. 社会主义道德的先进性主要体现在（   ）。

    A. 社会主义道德是社会主义经济基础的反映

    B. 社会主义道德是对人类优秀道德资源的批判性继承和创新性发展

    C. 社会主义道德不具有阶级性

    D. 社会主义道德克服了以往阶级社会道德的片面性和局限性

4. 在道德认知向道德行为转化的过程中，（   ）是关键环节。

    A. 道德澄清   B. 道德意志   C. 道德信念   D. 道德情感

5. 志愿服务的精神是（   ）。

    A. 友爱精神   B. 互助精神   C. 奉献精神   D. 进步精神

6. 大学生要做社会主义道德的示范者和引领者，促成（　　　）的社会风尚。

    A. 知荣辱　　　　　　B. 讲正气　　　　　　C. 做奉献　　　　　　D. 促和谐

7. 在道德的功能系统中，（　　　）是最基本的功能。

    A. 道德的认识功能　　　　　　　　B. 道德的调节功能

    C. 道德的规范功能　　　　　　　　D. 道德的警示功能

8. （　　　）是道德调节所赖于发挥作用的主要力量。

    A. 道德评价　　　　　　　　　　　B. 社会舆论

    C. 传统习俗　　　　　　　　　　　D. 人们的内心信念

9. 当代社会公共生活的特征主要体现在（　　　）。

    A. 活动内容的公开性　　　　　　　B. 活动范围的广泛性

    C. 交往对象的复杂性　　　　　　　D. 活动方式的多样性

10. 社会公德涵盖了（　　　）。

    A. 人与人的关系　　　　　　　　　B. 人与宇宙的关系

    C. 人与自然的关系　　　　　　　　D. 人与太空的关系

11. 在对待传统道德的问题上，要防止和反对的两种错误观点是（　　　）。

    A. 虚无论　　　　　　B. 唯物论　　　　　　C. 唯心论　　　　　　D. 复古论

12. 关于道德，以下说法正确的是（　　　）。

    A. 物质文明的繁荣必然带来全社会道德境界的提升

    B. 道德修养是一辈子的事

    C. 道德是人类社会的特有现象，动物的本能行为中不存在真正的道德

    D. 人的自我意识是道德产生的主观条件

13. 迄今为止，人类社会出现了原始社会的道德和（　　　）。

    A. 奴隶社会的道德　　　　　　　　B. 封建社会的道德

    C. 资本主义社会的道德　　　　　　D. 社会主义社会的道德

14. 关于社会主义道德，以下说法正确的是（　　　）。

    A. 社会主义道德以集体主义为原则

    B. 社会主义道德是对人类道德传统的直接继承

    C. 社会主义道德区别和优越于其他社会形态道德的显著标志是社会主义道德以为
       人民服务为核心

    D. 社会主义道德是崭新类型的道德

15. 关于个人道德，以下说法正确的是（　　　）。

    A. 社会公德、职业道德和家庭美德建设，最终都要落实到个人品德的养成上

    B. 个人品德是通过社会道德教育和个人自觉的道德修养形成的稳定的心理状态和行为习惯

    C. 无论是社会的和谐有序，还是个人的人格健全，都有赖于个人品德的不断提升

    D. 个人品德是一种个人的先天禀赋

三、简答题

1. 简述社会主义道德的先进性特征。

2. 简述在对待传统道德的问题上，要反对哪两种错误思潮。

3. 简述中国革命道德的当代价值。

4. 简述网络生活中的道德要求。

四、应用题

    道不可坐论，德不能空谈。德行是通过行为实现的。同学们通过理论知识回顾强化了道德认知，通过微电影之旅激发了道德情感，最后请同学们结合自身的能力、专业、特长，投身崇德向善的道德实践，去参与一场涵养高尚道德品质的志愿服务活动！（志愿服务履践记录表格如下）

志愿服务记录表格

姓名		学号		活动日期	
活动地点		志愿活动名称			
志愿活动内容概述	简要说明志愿活动的主要内容（200~400字之间）				
志愿活动心得	简要说明志愿活动的意义和心得体会（300字左右）				
活动照片	活动过程中的照片（3张）				

参考答案

一、单选题

1—5：ADBCC　6—10：CBCDD

11—15：CDBAD　16—20：CACAB

二、多选题

1.ABCD　2.ABCD　3.ABD　4.BC　5.ABCD

6.ABCD　7.ABC　8.BCD　9.ABCD　10.AC

11.AD　12.BCD　13.ABCD　14.ACD　15.AB

三、简答题

1.答：与以往社会的道德形态相比，社会主义道德具有显著的先进性特征。这种先进性主要体现在以下几个方面。首先，社会主义道德是社会主义经济基础的反映。在以生产资料公有制为主体的社会主义社会，广大人民不仅在政治上实现了当家作主，而且在道德上实现了由被动到主动的转变；其次，社会主义道德是对人类优秀道德资源的批判继承和创新发展，以当代中国的社会主义道德体系为例，我们今天倡导的社会主义道德规范，不仅与中华传统美德相承接，与中国共产党人在革命战争年代创立的革命道德相延续，同时也是对人类优秀道德成果的吸收和借鉴；最后，社会主义道德克服了以往阶级社会道德的片面性和局限性，坚持以为人民服务为核心，坚持以集体主义为原则，展现出真实而强大的道义力量。

2.答：在对待传统道德的问题上，要反对两种错误思潮。一种是"复古论"，认为道德建设的最终目标就是要恢复中国"固有文化"，形成以中国传统文化为主体的道德体系；另一种是"虚无论"，认为中国传统道德从整体上来说，在今天已经失去了价值和意义，必须从整体上予以全盘否定。这两种观点都是错误的，割断了道德的历史与发展的关系，都不利于社会的发展和道德的进步。我们要树立高度的文化自觉和文化自信，深入挖掘中华优秀传统文化蕴含的思想观念、人文精神、道德规范，结合时代要求继承创新，让中华文化展现出永久魅力和时代风采。

3.答：中国革命道德内容丰富、历久弥新，是中国共产党领导全体人民实现民族独立、人民解放的精神支撑，对于我们走好新时代的长征路，实现中华民族伟大复兴仍然具有极其重要的现实意义。坚守中国革命道德，首先，有利于加强和巩固社会主义和共产主义的理想信念，树立和培养人民群众的社会主义和共产主义理想信念，有利于坚持和发展中国特色社会主义道路；其次，有利于培育和践行社会主义核心价值观，帮助人们深刻理解社会主义核心价值观的科学内涵和历史底蕴，增强价值观认同，为中国特色社会主义事业提供攻坚克难的强大精神支撑；再次，有利于引导人们树立正确的道德观，引导人们正确地看待个人利益和社会整体利益、国家利益之间的关系，能够帮助人们在深刻把握历史、认识社会、审视人生的基础上，以昂扬的姿态开启全面建设社会主义现代化国家的新征程；最后，有利于培育良好的社会道德风尚，净化社会人际关系，抵制各种腐朽思想，树立浩然正气，凝聚崇德向善的正能量。

4.答：人类已进入互联网时代，网络走进千家万户，融入社会生活的方方面面，这既会影响人们的求知途径、思维方式、价值观念，也会影响人们对国家、社会、人生的看法。在网络生活中，首先，我们要正确使用网络工具，提高信息获取能力，加强信息辨识能力，增进信息应用能力，使网络成为开阔视野、提高能力的重要工具；其次，我们要加强网络文明自律，维护网络道德规范的基本保障，在缺少外在监督的网络空间里，做到自律而"不逾矩"，促进网络生活的健康与和谐；最后，我们要营造良好的网络道德环境，带头正确引导网络舆论，对模糊认识要及时廓清，对怨气怨言要及时化解，对错误看法要及时纠正，促进网络空间日益清朗。

四、应用题（略）

第六章

学习法治思想
提升法治素养

06

第一节　实践导学

一、实践导言

"法者，治之端也。"在漫漫的历史长河中，人类在摒弃了弱肉强食的丛林法则和崇尚个人魅力的"哲学王"之治后，最终选择法治作为治国理政的基本方式。习近平总书记反复强调："法治兴则国家兴，法治衰则国家乱。什么时候重视法治、法治昌明，什么时候就国泰民安；什么时候忽视法治、法治松弛，什么时候就国乱民怨。"回顾70多年来新中国的发展，我们创造了经济快速发展和社会长期稳定两大奇迹，探寻奇迹背后的密码，其中有一条就是我们党自十一届三中全会以来就重视法治建设，尤其是党的十八届四中全会提出了"建设中国特色社会主义法治体系，建设社会主义法治国家"的总目标，十九届五中全会更是擘画了到2035年"基本建成法治国家、法治政府、法治社会"的美好蓝图。正是因为有了法治的保驾护航，中国社会的发展才会生机勃勃、井然有序。

法治不仅推动着国家进步，它更是我们每个公民追求美好生活的保护神。党的十九大报告明确指出："中国特色社会主义进入新时代，我国社会主要矛盾已经转化为人民日益增长的美好生活需要和不平衡不充分的发展之间的矛盾。"美好生活是每个人都期待的，你心目中的美好生活是什么样子的？也许一千个人有一千个答案。生活在法治社会，法治为我们追求美好生活提供了有力保障，它维护社会秩序、化解人与人之间的各种矛盾、保护公民的权利和自由免受侵害。于是我们就可以大胆地预期自己的未来，平等地参与竞争，可以通过自己的努力实现人生梦想。法治与我们每一个人息息相关，每个人都应该把法治变成自己的生活方式，在实践中信仰法治、厉行法治，树立笃信、笃行的法治意识。

青少年是国家的未来和希望，是推动国家法治建设的重要力量和生力军，我们的法治观、权利观、自由观不仅关系到个人的事业发展和生活幸福，也将直接塑造中国明天的法治图景。因此党和国家高度重视对青少年的法治思想教育，党的十八届四中全会就明确提出了"把法治教育纳入国民教育体系，从青少年抓起"。围绕"普及法治知识，养成守法意识；规范行为习惯，培育法治观念；践行法治理念，树立法治信仰"这一目标，大家在不同的学段分层递进地接受了法治教育。义务教育阶段我们通过《道德与法治》课接受了日常生活规则启蒙教育，了解了个人成长和参与社会生活必备的基本法律常识，初步具备了用法律知识辨别是非的能力；高中阶段同学们则是通过《思想政治》课全面了解了中国特色社会主义法律体系基本框架、基本制度及法律常识，初步具备了参与法治实践、用法律维护自身权利的能力。到了大学阶段，大家在已经具备一定法律常识和法律意识的基础上，要通过《思想道德与法治》课程的学习，深刻理解社会主义法治的本质和习近平法治思想的丰富内涵；明确全面推进依法治国的战略目标、指导思想、道路选择和社会主义法治体系建设的内容，尤其要正确认识党的领导和依法治国的关系；了解宪法基本知识、宪法实施和监督制度，正确认识依法治国和依宪治国的关系，进一步增强维护宪法权威、保证宪法实施的责任感；树立正确的法治观念，学会依法行使权利，养成自觉履行义务的习惯，具备用法治思维和法治方式处理问题、参与社会公共事务、化解矛盾纠纷的能力，能将法治观念、法治精神深深地扎根于心，坚定法治信仰，使自己成为社会主义法治的忠实崇尚者、自觉遵守者、坚定捍卫者。

"法律必须被信仰，否则它将形同虚设"，大学阶段法治教育的主要任务就是要培养同学们对法治发自内心的认同、崇尚、遵从与捍卫。当然法治信仰不会自发产生，对于同学们来说，培养法治信仰最有效的途径就是参与社会实践，如参与法治情景剧表演，可以让同学们在角色体验中去感受法治在定纷止争方面的重大作用；围绕情景剧中的案情，设置具有争议性的话题，观点对立的正反两方围绕是与非展开唇枪舌剑，有助于同学们在观点的碰撞中达成共识；现场连线法律专家和同学们一起参与热点难点问题讨论，大家可以就某个法律问题和专家展开对话，既有助于拓宽同学们的法治思维，又有助于同学们在权威专家的引领下感受中国特色社会主义法治理论的魅力和相关法治精神；师生面向学校、社会开展普法宣传，既可以提高社区居民、中小学生的法治意识，也有助于提升师生们学法用法的能力。

在全面推进依法治国的时代潮流中，在实现中华民族伟大复兴的征程中，当代青年能否信仰法治、践行法治，事关法治中国宏伟蓝图的实现。希望包括大家在内的广大青年大学生能自觉认同法律、积极践行法律、坚决捍卫法律，让法治精神直抵内心！

二、思维导图

在理论学习和思考的基础上，通过实践深入践行和领悟，促进知、情、意、信、行的合一。本章具体内容的知行转化图如下。

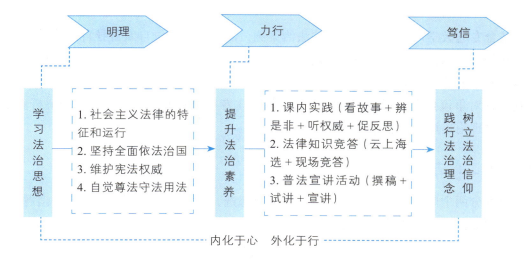

第二节 实践教学设计

一、实践教学目标

（一）知行转化目标

通过实践，学生可以深入践行理论知识，在正确认识中国特色社会主义法治理论的基础上，将法治理念和法律知识运用于实际中分析和解决问题，形成法治思维习惯，提升法治观念。

（二）能力培养目标

通过实践，培养学生运用所学的法律知识分析解决社会中出现的法律问题的能力；培养学生的人际交往能力、团队合作能力、临场发挥能力、语言组织能力、口头表达能力。

（三）情感素养目标

通过实践，帮助学生增强社会主义法治价值认同，引导他们坚定不移地走中国特色社会主义法治道路，增强法治自信，坚定法治信仰。

二、实践方式推荐

方式一：情景剧表演与辩论

结合专题教学内容，确定合适的法治案例，以小组为单位自编自导自演情景剧；各小组在任课教师的带领下紧扣情景剧内容，设置具有冲突的法律辩题，组织其他组的同学围绕案情的罪与非罪、情与法展开辩论；现场连线法律人士对同学们的辩论进行对错评判，针对争议焦点开展法理阐释；任课教师在专家回答的基础上，进一步解析案情，结合教材理论提炼知识点，诠释法治精神。

方式二：法律知识竞答大会

比赛分两个阶段完成：第一个阶段是云上海选，组织学生在网上完成 100 道题，按照分数高低选出 50 位同学参与现场竞答大会；第二个阶段是 50 位入围决赛的同学现场参与法律知识比赛，分必答、抢答、风险三类题型多轮进行，最后按照分数高低决出一、二、三等奖。

法律知识竞答大会紧紧围绕《思想道德与法治》教材、习近平法治思想及民法典、刑法、劳动合同法等重要法律，以丰富的法治影像视频及真实的法治案例作为题目来源，设计丰富多样的竞答题目。现场邀请三位法律专家对法律知识点进行解读，在专家的权威解读中增强学生的法治意识。

方式三：普法宣讲活动

为了帮助普法教育相对较弱的地区和人群，组织学生开展普法宣讲活动，选择宪法、未成年保护法、民法典等相关内容进行宣讲。学生团队在教师的指导下撰写法治教学讲稿，试讲成功后对接合适社区、学校等单位进行宣讲，既能引导群众增强法治意识、崇尚法律、遵守法律，也进一步提升了学生学法尊法守法用法的能力。

方式四：模拟法庭

各组在法律专业人士和教师的指导下，选择发生在身边的典型案例进行模拟审理。由学生模拟担当法官、律师、公诉方、原告、被告、证人等不同诉讼角色，按照严格的法定程序参与庭审准备、法庭调查、法庭辩论及庭后调解等程序，进一步加深学生对所学法律知识的运用和对司法程序的理解。

方式五：经典法律影视剧赏析

由教师列出经典的涉及法律题材的影视剧或纪录片，如《秋菊打官司》《我不是潘金莲》《被告山杠爷》《黄克功案》《辛普森的梦之队》《十二公民》《辩护人》等。教师确定其中一部为必看影视剧，由学生在课外观看，课内教师结合教学知识点设计教学问题，并组织学生完成主题讨论；确定一部为自选影视剧，由学生在课外观看并提交观后感。

三、实践设计精选——情景剧表演与辩论

（一）"情景剧表演与辩论"课内实践活动基本流程

1. 学生分组、分工

以 30~50 人的小班为单位，将全班分成 5~8 个学习小组。每组采用毛遂自荐或民主推荐的方式选出工作认真负责、具有一定管理能力的同学担任组长。组长组建学习群，及时召开小组会议确定情景剧内容。同时根据每位组员的特点进行组内分工，分工应包

含剧本撰写、角色分配、道具准备、辩题设置、实践总结报告撰写等内容。

2. 初步准备

师生根据法治教学专题的内容收集社会热点和典型的法治案例，各小组在教师的指导下，选择要演绎的内容，进一步制定合理的实施计划，阅读涉及该案例的法律文本。

3. 情景剧剧本审核

各小组根据认领的法治案例，在规定时间内进行剧本创作。任课教师要随时关注各组的完成情况，参与各组对剧本撰写的讨论，鼓励学生在尊重案情的基础上对剧本进行大胆创作。针对已经完成的剧本，教师要提出修改意见并督促各组进行完善。

4. 情景剧排练预演

各组根据已经通过的剧本分角色进行排练，各组确定预演时间，教师到场进行指导。

5. 情景剧展示

教师根据法律专题教学的重要知识点分组进行情景剧展示，其他组的同学观看法治情景剧。

6. 情理法辩论

（1）小组在情景剧展示结束后，在任课教师的指导下围绕罪与非罪、情与法等内容向其他组的同学提出具有冲突的法律辩题。同学们根据自己的理解做出初步判断，教师将班级分成观点不同的两个阵营，同学进入到各自的阵营就座。

（2）两方同学围绕辩题有 10 分钟时间讨论和查阅资料，之后各自推选三位同学承担陈述立论、自由辩论、总结陈词三个环节的辩论任务，同时各方要各准备两个盘问质疑对方的问题。

（3）陈述立论阶段，双方各派出一位同学陈述自己的观点，陈述时间各为 2 分钟；自由辩论阶段正反双方依次发言，辩论双方既要强化本小组观点，又要有力反驳对方观点，时间各为 4 分钟；盘问质疑阶段由辩论以外的同学参与，每队由两位同学围绕辩题向对方提出两个问题，并任意指定对方两位同学参与互动，时间各为 2 分钟；总结陈词阶段双方各派一位同学总结，时间各为 2 分钟。

7. 现场连线法律人士释疑

学生辩论完，教师现场连线法律人士针对小组的辩论进行点评评判，并围绕有争议的法律问题从法理上进行阐释。

8. 反思评价

（1）教师引导学生对案情进行反思，凝练法治理论，提炼规律性认识。

（2）师生完成对情景剧表演小组的打分，并从辩论双方中各选出最佳辩手。

（二）"情景剧表演与辩论"课内实践活动注意事项

1. 创作剧本阶段

（1）教师在组建学生实践团队时按照"组内异质，组间同质"的原则进行，要求学生在打破寝室、男女生界限的基础上自由组合；各组推选出有较强领导力的组长，带领组员完成剧本创作阶段的各项准备工作并确定每位成员的任务。

（2）教师在认真梳理各专题教学重难点的基础上，帮助学生搜集典型案例或社会热点案例，作为情景剧演绎的主要案源。

（3）组长带领组员围绕剧本如何创作或改编进行头脑风暴，并记录下好的点子。

（4）各组在规定时间内完成剧本创作，教师做好剧本的审核工作，并督促各组修改完善剧本，确保剧本主题鲜明、有戏剧性的故事情节、能启人深思。

2. 剧本排练阶段

剧本审核通过后，组长带领组员准备道具，吃透剧本，理解剧中的人物个性，按照自己的生活经验赋予各自角色一定的性格特征。在排练的过程中要求组员服从导演统一安排，认真演绎各自的角色，杜绝在排练过程中出现笑场情况。教师要到场参与指导并提出修改意见。

3. 情景剧展示环节

（1）情景剧拍摄要在开学初就完成布置，并在第六章讲授前完成彩排。课上根据相关知识点进行分组展示。

（2）展示的过程中要求大家准备好相关道具，演出认真投入，声音清晰明亮，情感随着剧情变化有起伏，注意控制节奏和时间。

4. 情理法辩论环节

（1）为了确保这个环节能顺利开展，教师可以在开学初推送一些辩论教学视频特别是法庭辩论视频给各组同学学习，也可以邀请辩论高手开展线上交流。

（2）辩论双方根据现场对辩题的初步判断结果临时组队，可以分成两个阵营就座。辩论前要给予各组充分的讨论时间，并由各组自行推荐三位代表参与辩论。

（3）盘问质疑阶段各组自行向对方提问并任意指定其中两位同学回答。这个环节难度比较大，为防止出现冷场，可以规定当一位同学回答不上来时，其他同学（辩论同学以外）可以援助。教师在这个过程中注意引导同学对问题进行深度思考。

5. 现场连线法律人士释疑

教师事先联系好法律人士，并就情景剧内容和辩题设计进行沟通。邀请法律人士线上全程参与课内实践，针对学生辩论开展对错评论，并主要从法律适用角度对情景剧反映的问题进行阐释。

6. 反思评价

（1）教师总结部分要紧扣专题教学的重点难点，引导学生用法治理论去回答和解决现实问题，并启发学生思考如何从典型案例中吸取经验教训，从而更好地指导自己的行为。

（2）师生按照评分标准完成评价。

（3）小组撰写实践报告，小组成员完成实践反思。

（三）"情景剧表演与辩论"演绎实践记录样表

实践主题				
团队成员	姓名	学院	班级	联系方式
指导教师				
实践方案	主题内容说明（限 300 字）			
	团队分工安排			
	时间计划安排			

续表

诚信声明	郑重声明 1. 向学院提供的有关社会实践的基本情况是真实的。 2. 每一个成员均实质性参与了社会实践和报告撰写。 3. 如有弄虚作假行为，学院将给予批评教育及取消本学期思政课学分的处理。 实践负责人签字： 时间：

（四）"情景剧表演与辩论"实践成果格式样表

实践成果：情景剧剧本和实践报告

1. 情景剧剧本

作品不得有违背社会公德、侵犯他人著作权及其他违反国家法律或规定的内容；剧本能围绕社会热点和典型案例进行艺术性创作，并能起到法治宣传的目的。

2. 实践总结报告样表

题目

正文
结合案情介绍、适用法律依据，阐述案件对人们树立正确法治观念有什么启示，字数控制在1500 字左右。要求行文流畅，内容完整，可读性强。

团队成员小结反思
每位成员围绕自己在实践活动中承担的任务和获得的法治认识进行总结反思，字数控制在 500 字左右。

（五）实践活动评价标准

1. 情景剧剧本评分标准

评分构成	分值	评分标准
主题	20	主题鲜明，能弘扬法治精神，传播法治理念，有思想性和启发性
内容	30	剧本内容新颖，既可以围绕当下社会发生的典型案例进行创作，也鼓励原创。剧本诠释法律法规准确且具有清晰的正面导向
故事情节	30	故事情节完整连贯，逻辑鲜明，有矛盾冲突，富有戏剧化，具有较强的感染力和吸引力
语言表达	20	剧本语言要口语化，力求用简洁、富有感染的语言表达人物的内心思想
总分		100

2. 情景剧演绎评分标准

评分组成		分值	评分标准
演绎内容		30	内容与主题相符，内容为原创，剧情紧凑有起伏，提出的问题有意义并具备研讨性，时长 7~10 分钟
表演	语言	30	语言文明规范，简洁明了，吐字清晰
	肢体表演	30	表演大方得体，形体动作自然、生动、细腻且富有感情，能充分把握剧中人物的性格特征
	表演效果	10	服饰大方得体，有配合演出效果的道具，演员之间配合默契，台词、动作衔接恰当，情景剧能引发共鸣
总分			100

3. 情景剧演绎实践报告评分标准

评分组成	分值	评分标准
总结报告	70	内容为原创，围绕案情分析、适用法律依据，阐述案件对人们树立正确法治观念有什么启示，字数控制在 1500 字左右
组员反思	30	小组成员围绕自己在活动中的角色分工进行总结反思，通过活动锻炼了自己哪方面的能力，获得了怎样的法治认识，还有哪些短板需要改进，字数控制在 500 字左右
总分		100

4. 最佳辩手评分标准

评分组成	分值	评分标准
观点表达	30	观点陈述明确有条理，论点和论据内容正确、充实，引用资料和实例恰当
语言表达	30	语言流畅，逻辑性强，在双方辩论过程中能做到彬彬有礼

评分组成	分值	评分标准
提问	20	问题简洁合适，能直击对方要害
回答	20	问题回答干净利落，紧扣题干，并能用法治理论回答
总分		100

四、实践教学素材

（一）新冠疫情下中西方生死选择题

新冠肺炎疫情暴发以来，我国在"应收尽收、应治尽治"的原则下，下至新生婴儿，上至百岁老人，都能"病有所医"。疫情发生之初，中国就实行了对患者免费救治的政策，确诊住院患者人均医疗费用达到 2.15 万元，重症患者人均治疗费用超过 15 万元，这些费用除部分由医保报销外，其余均由国家财政补助。湖北省成功治愈的患者中，80岁以上的就有 3000 多位，还有 7 位百岁以上老人。

然而，随着疫情在全球范围内不断蔓延，迅速增加的确诊病例让一些西方国家的医疗卫生体系不堪重负，不少医生都面临着"先救老人还是先救年轻人"的生死选择。

美国：通过病情和"生命时长"为患者打分

作为目前全球报告新冠病毒感染者最多的国家，美国数百家医院采用了由匹兹堡大学医学中心危重症医学教授道格拉斯·怀特开发的患者打分评级系统。该系统依据以下两点为患者评分：①通过病情严重程度，判断患者活到出院的可能性是多少；②基于是否存在影响患者存活的并发症，判断患者出院后长期存活的可能性是多少。患者所得分数将决定其接受重症监护的优先级。怀特在发表于《美国医学协会杂志》的文章中强调，只关注患者能否活到出院是不够的，因为"能够救回多少年的生命"也"十分重要"。文章写道：比起患有长期疾病、几年内就可能死亡的人，很多人的道德直觉都会支持优先挽救那些能够再活 40 年的人。

意大利：优先照顾"预期寿命最高"的患者

意大利麻醉、镇痛、复苏、重症监护学院在《可用资源和需求严重不平衡时期强化治疗的临床伦理建议》中指出，在医疗资源严重短缺的情况下，资源分配必须确保为康复机会更大的患者提供强化治疗。因此，要优先照顾预期寿命最高的患者。医务人员在对患者提供重症监护之前，必须考虑到其他"临床适用性"要素，其中包括疾病的类型和严重程度、有无并发症、其他器官和系统的损害及其可恢复性。建议还指出："可能有必要对重症监护病房设定年龄限制。这不仅仅是做出有价值的选择的问题，而是保留非常稀缺的资源，首先救治生存率更高的人，其次是优先照顾预期寿命更长的人。"

瑞典：实行"患者优先照顾"原则

瑞典国家卫生和福利委员会在新冠病毒大流行初期发布了《患者优先照顾指南》。该指南将患者分为三个优先级，其中，第一优先级为患有严重疾病但预期生存时间超过12个月的患者。第二优先级为患有一种或多种严重系统性功能障碍的患者。同时，该组还包括预期生存期为6~12个月的人群。而第三优先级则为预期存活率较低的患者。这意味着，在医疗资源紧缺时，患有基础疾病的患者将后于第一优先级的患者接受救治。

　　——选自理查德·傅莱：新冠疫情下中西方生死选择题，《医师报》，2020年5月15日

辩论题目：疫情资源短缺时，医生应优先救治青年（正）

　　　　　　疫情资源短缺时，医生应优先救治老人（反）

（二）劳动就业案例

"法律面前人人平等、禁止任何形式的就业歧视"，无论是法律还是教育部关于毕业大学生就业创业的文件中对此都有明文规定，然而就业歧视又是一个不容回避的社会问题，屡禁不止。年龄、性别、学历乃至户籍等，都有可能成为横亘在大学生找工作中的一道坎。反对就业歧视，一方面需要完善相关法律法规，进一步明确就业歧视的认定标准；另一方面需要依法依规加大对就业歧视行为的惩罚力度，提高歧视性招人行为的违法违规成本。当然最重要的是就业者本人在权益受到侵犯时，能勇敢地拿起法律武器维护自身权益。教学中教师可以选择该类型案例，结合教材第二节中的"坚持法律面前人人平等"或第四节中的"我国宪法规定的权利"等内容开展实践教学。

1. 人格权纠纷案

原告梁某某于2015年2月6日取得中式烹调师三级/高级技能职业资格证书。2015年6月28日，梁某某在"58同城"网站看到被告广东惠食佳经济发展有限公司（以下简称惠食佳公司）发布的厨房学徒招聘广告，该广告中并无明确性别要求。梁某某于2015年6月29日前往名豪轩酒楼应聘，填写了入职申请表，但名豪轩酒楼以已经招满为由没有安排梁某某面试。2015年7月，梁某某在"58同城"网站上再次看到惠食佳公司发布同一岗位的招聘广告，任职资格及其他条件载明"男性"。梁某某前往该酒楼与该酒楼工作人员进行沟通，该酒楼的前台陈述"公司规定厨房不招女工，即便具备厨师证也不行"等。梁某某认为惠食佳公司、名豪轩酒楼存在就业性别歧视行为，侵犯了其就业平等权，遂诉至法院，要求惠食佳公司、名豪轩酒楼向其公开书面赔礼道歉，赔偿其经济损失21元及精神损害抚慰金40800元。

广州市海珠区人民法院一审认为，惠食佳公司、名豪轩酒楼仅因招聘者性别而产生的区别、限制以及排斥的行为不具有合法性及合理性，损害了女性应聘者的就业平等权，构成就业歧视中的性别歧视。故判令惠食佳公司、名豪轩酒楼赔偿梁某某2000元

的精神损害抚慰金，但未支持梁某某的赔礼道歉的请求。宣判后，双方均不服，提起上诉。

广州市中级人民法院二审认为，就业平等权系指劳动者不论民族、种族、性别、宗教信仰等不同，而依法享有平等就业、自主择业而不受歧视的权利。就业平等权不仅属于劳动者的劳动权范畴，亦属于劳动者作为自然人的人格权范畴。赔礼道歉与精神损害均是侵权责任的承担方式，可以单独适用，亦可以合并适用。赔礼道歉主要是为了弥补被侵权人人格尊严受损的需要，追求的是被侵权人心理或精神上的慰藉，在被侵权人明确提出诉求的情况下，应予以支持。若因侵权致人精神损害，造成严重后果的，可以根据受害人一方的请求判令其赔偿相应的精神损害抚慰金。惠食佳公司、名豪轩酒楼损害了梁某某的就业平等权，结果造成了梁某某精神损失，故判令惠食佳公司、名豪轩酒楼向梁某某作出书面赔礼道歉并赔偿相应的精神损害抚慰金。

——选自梁某某诉广东惠食佳经济发展有限公司、广州市越秀区名豪轩鱼翅海鲜大酒楼人格权纠纷案，《最高人民法院公报》，2021年第1期

辩论题目：面对就业歧视，劳动者应理直气壮维权（正）

面对就业歧视，劳动者应选择忍气吞声（反）

2. "996"加班模式争议案

小江作为2020年应届毕业生，于2020年下半年入职申通快递公司。该公司副总监曾要求下属9点以后下班，并表示这是为员工负责。小江由于拒绝无意义的加班，被告知因试用期不合格被辞退。小江向上海市青浦区仲裁委提交申请，仲裁委裁定申通快递构成违法解除劳动合同行为，判决依法支付赔偿金，对此申通快递提起上诉。

上述事件是当下职场"996"加班模式引发冲突的一个典型事例。

所谓"996"加班模式，通俗地讲就是早九点上班，晚九点下班，一周工作六天。默默计算一下，你就会发现，除了睡觉时间，几乎一整天都奉献给了工作。而且一周七天，只有一天能缓一口气，体验所谓的生活。近年来，加班成为各大企业的潜规则，"996"加班模式也快速成为公司潮流。马云、刘强东、雷军等互联网行业巨头曾陆续表明对"996"工作制的态度，如马云称"能做到'996'是一种巨大的福气"，刘强东更是直言"混日子的人不是我的兄弟"，雷军说"优秀的人心甘情愿每天12点下班"等。有的公司直接强制员工"996"，并在年会上大肆推崇；有的则直接将"996"写入劳动合同，作为硬性录用条件……身在职场，尽管对"996"苦之久矣，但很多人迫于"不干就走人"的现实，只能默默承受。8月26日，最高人民法院网站发布了《人力资源社会保障部、最高人民法院联合发布超时加班劳动人事争议典型案例》，引人关注的是，两部门在其中一宗典型案例中明确："996"工作制严重违反法律关于延长工作时间上限的规定，应认定为无效。

虽然法律认定"996"工作模式为非法模式，但在现实生活中还是存在隐形加班的

潜规则，如将员工的底薪或者基本工资定得很低，不少企业干脆用当地的最低工资标准作为员工的基本工资。在这种情况下，如果员工按时上下班的话，那么就只能得到微薄的底薪或基本工资勉强维持生计，要想多挣就必须超时加班。另一种做法则是加重员工的工作任务。有些企业虽然也是遵行八小时工作制，但给予员工的工作任务却超出了八小时所能完成的限额。于是，不少员工为了完成任务不得不超时加班。

——选自张婉祎：996 成招聘标准，《半月谈》2021 年 1 月 8 日

996 不是奋斗而是违法，《北京日报》2021 年 9 月 10 日

辩论题目：为了薪资和福利，会支持 996（正）

为了薪资和福利，不会支持 996（反）

(三)《中华人民共和国民法典》相关案例

《中华人民共和国民法典》是新中国成立以来我国第一部以法典的形式命名的法律，它涵盖了公民生活的方方面面，被称为公民权利的"社会百科全书"。习近平总书记强调：要把民法典纳入国民教育体系，加强对青少年民法典教育。要广泛开展民法典普法工作，将其作为"十四五"时期普法工作的重点来抓，引导群众养成自觉守法的意识，形成遇事找法的习惯，培养解决问题靠法的意识和能力。教学中教师可选择民法典案例，围绕教材第一节中的"社会主义法律的本质特征"、第二节中的"坚持中国特色社会主义法治道路必须遵循的原则""科学立法"、第三节中的"尊重和保障人权"、第四节中的"人身权利"等内容开展实践教学。

1. 人脸识别第一案

2019 年 4 月，原告郭兵支付 1360 元购买野生动物世界"畅游 365 天"双人年卡，确定指纹识别入园方式。郭兵与其妻子留存了姓名、身份证号码、电话号码等，并录入指纹、拍照。后野生动物世界将年卡客户入园方式从指纹识别调整为人脸识别，并更换了店堂告示。2019 年 7 月、10 月，野生动物世界两次向郭兵发送短信，通知年卡入园识别系统更换事宜，要求激活人脸识别系统，否则将无法正常入园。此后，双方就入园方式、退卡等相关事宜协商未果，郭兵遂提起诉讼，要求确认野生动物世界店堂告示、短信通知中相关内容无效，并以野生动物世界违约且存在欺诈行为为由要求赔偿年卡卡费、交通费，删除个人信息等。由于该案涉及人脸等个人生物识别信息采集、使用等问题，受到舆论的广泛关注，被称为"人脸识别第一案"。法院经审理认为，本案的争议焦点在于经营者处理消费者个人信息，尤其是指纹和人脸等个人生物识别信息行为的评价和规范问题。我国法律对于个人信息在消费领域的收集、使用虽未予以禁止，但强调对个人信息处理过程中的监督和管理，即个人信息的收集要遵循"合法、正当、必要"的原则，并且需要征得当事人同意；个人信息的利用要遵循确保安全原则，不得泄露、出售或者非法向他人提供；个人信息被侵害时，经营者需承担相应的侵权责任。

本案中，客户在办理年卡时，野生动物世界以店堂告示的形式告知购卡人需提供部分个人信息，未对消费者作出不公平、不合理的其他规定，客户的消费知情权和对个人信息的自主决定权未受到侵害。郭兵系自行决定提供指纹等个人信息而成为年卡客户。野生动物世界在经营活动中使用指纹识别、人脸识别等生物识别技术，其行为本身并未违反前述法律规定的原则要求。但是，野生动物世界在合同履行期间将原指纹识别入园方式变更为人脸识别方式，属于单方变更合同的违约行为，郭兵对此明确表示不同意，故店堂告示和短信通知的相关内容不构成双方之间的合同内容，对郭兵也不具有法律效力，郭兵作为守约方有权要求野生动物世界承担相应法律责任。双方在办理年卡时，约定采用的是以指纹识别方式入园，野生动物世界采集郭兵及其妻子的照片信息，超出了法律意义上的必要原则要求，故不具有正当性。最终，法院判决野生动物世界赔偿郭兵合同利益损失及交通费共计 1038 元，删除其办理指纹年卡时提交的包括照片在内的面部特征信息；驳回郭兵提出的其他诉讼请求。

——选自人脸识别第一案在杭州判了，人民网，2020 年 11 月 23 日

辩论题目：大数据时代，为了便利应大力推广人脸识别技术（正）

大数据时代，为了安全应限制使用人脸识别技术（反）

2. 广州摘杨梅坠亡再审案

广州市花都区某村是国家 AAA 级旅游景区，村委会在河道旁种植了杨梅树。2017 年 5 月 19 日，村民吴某私自上树采摘杨梅，不慎跌落受伤，经抢救无效死亡。其近亲属以村委会未采取安全风险防范措施、未及时救助为由，将村委会诉至花都区法院。一审、二审认为吴某与村委会均有过错，酌定村委会承担 5% 的赔偿责任，判令向吴某的亲属赔偿 4.5 万余元。

2020 年 1 月 20 日广州市中级人民法院经审查，依法裁定对该案进行再审。再审认为，村委会作为该村景区的管理人，虽负有保障游客免遭损害的义务，但义务的确定应限于景区管理人员的管理和控制能力范围之内。村委会并未向村民或游客提供免费采摘杨梅的活动，杨梅树本身并无安全隐患，不能要求村委会对景区内的所有树木加以围蔽、设置警示标志。吴某作为具有完全民事行为能力的成年人，应当充分预见攀爬杨梅树采摘杨梅的危险性。该村村规民约明文规定，村民要自觉维护村集体的各项财产利益，包括公共设施和绿化树木等，吴某私自上树采摘杨梅的行为，违反了村规民约，损害了集体利益，导致了损害后果的发生。

吴某跌落受伤后，村委会主任及时拨打了急救电话，另有村民在救护车抵达前已将吴某送往医院救治，村委会不存在过错。

法院认为，吴某因私自爬树采摘杨梅跌落坠亡，后果令人痛惜，但行为有违村规民约和公序良俗，且村委会并未违反安全保障义务，不应承担赔偿责任。原审判决认定事实清楚，但适用法律错误，处理结果不当，应予以撤销。再审驳回吴某近亲属要求村委

会承担赔偿责任的请求。

——选自 2020 年度人民法院十大案件,《人民法院报》, 2021 年 1 月 9 日

辩论题目：村委会没有过错，不应该承担法律责任（正）

村委会虽没有过错，但可以按公平责任原则承担法律责任（反）

3. 高铁霸座案

2021 年一段"嚣张！男子高铁霸座"的视频在网上流传，引起网友关注。

经调查，2021 年 2 月 14 日，在安徽安庆开往上海虹桥的 G7146 次列车 6 号车厢，旅客殷某某（男，40 岁）强占他人座位，不听从列车工作人员劝阻，拒绝让座，与该座旅客发生争执，其行为构成扰乱公共场所秩序的违法行为。合肥铁路公安机关根据《中华人民共和国治安管理处罚法》第二十三条第一款第（三）项之规定，给予殷某某行政拘留 5 日处罚。

近年来，高铁、民航霸座恶行屡禁不止，扰乱了正常的乘车秩序。为有效解决这种纠纷，新生效的《民法典》首次明确规定：旅客应当按照有效客票记载的时间、班次和座位号乘坐，这意味着霸座这种不文明行为不仅要受到道德谴责，也是一种违法行为，应当承担违约责任。同时这种行为也违反了《治安管理处罚法》规定，乘客和承运人可以选择报警，由公安机关依照《治安管理处罚法》第二十三条的规定，对违法行为人处以警告或者 200 元以下的罚款，情节严重的还可以处以 5 日以上 10 日以下的拘留。

——选自男子高铁蛮横霸座被刑拘 5 日，北晚新视觉网，2021 年 2 月 16 日

辩论题目：高铁霸座等不文明行为，应该进一步加重处罚（正）

高铁霸座等不文明行为，不应该进一步加重处罚（反）

（四）电信网络诈骗案例

这几年，随着新技术、新应用、新业态的不断出现，电信网络诈骗的发案数量不断升高，骗子的作案手法也是不断翻新，警方统计发现诈骗花样多达几十种。国家反诈中心分析，网络贷款、网络刷单、"杀猪盘"、冒充客服人员、假冒熟人、冒充"公检法"、"推荐股票"、虚假购物、注销"校园贷"、买卖游戏币是近期电信网络诈骗十大高发类型，其中网络贷款、网络刷单、"杀猪盘"、冒充客服人员这四类案件又占比 70% 以上。

网络贷款骗局并不新鲜，去年以来，受疫情影响，许多中小企业经营困难，资金紧张，急需贷款，躲在暗处的诈骗分子则乘虚而入，疯狂作案，使得网络贷款诈骗案件数量猛增，让急需资金的企业雪上加霜。受害人本来是想借钱的，怎么手头的钱反而会被骗子骗走了呢？去年 4 月，呼和浩特的陈某下载了一个名叫"随心花"的网络借贷软件，注册个人信息后，申请了一笔 5 万元的号称是无抵押的信用贷款。据警方介绍，像这类以网络贷款为名义的诈骗，诈骗团伙一般都是以无抵押、无担保、低利息为诱饵，诱骗受害人登录或下载他们事先做好的虚假贷款网站或手机软件，然后仿冒正规贷款平台流

程，要求受害人填写相关个人信息，最后再以交纳手续费、保证金为由，骗受害人转账汇款。国家反诈中心提醒，需要贷款的中小企业和个人一定要到银行等正规渠道办理，任何声称"无抵押""低利率"、先交"保证金"的网贷平台都是骗局。

"杀猪盘"诈骗也是多年来的老套路，但是却能屡屡得手。诈骗分子通过婚恋平台、社交软件等方式寻找潜在受害人，通过聊天发展感情取得信任，然后将受害人引入博彩、投资理财等诈骗平台进行充值，骗取受害人钱财。诈骗团伙把受害人叫作"猪"；骗子通过花言巧语、嘘寒问暖的方式获取被害人的信任，这个过程叫"养猪"；当受害人少量投资，骗子就操控平台数据让受害人在账面上获利，以此引诱受害人加大投资，当受害人几十万、几百万、几千万投入虚假平台后，骗子就迅速转移资金，这最后一步叫作"杀猪"。江苏常州吴女士在某婚恋网上认识了一个网名叫黎志辉的人，两人在网上陷入热恋。黎志辉告诉吴女士，自己在苏州一家名为"数字币交易所"做比特币交易，收入可观。在黎志辉甜言蜜语的攻势下，在高额利润的诱惑下，吴女士不仅自己投入资金数百万元，还拉着朋友一起投资，先后投入1500万元。最后全部被骗走。

各种电信网络诈骗千变万化，花样百出，让群众防不胜防，也让人们蒙受了巨大的经济损失，很多受害人的看病钱、养老钱、上学钱被骗子席卷一空，有的骗子专门诈骗扶贫款和抗疫捐款，性质十分恶劣。因骗致贫、因骗返贫，导致自杀、破产的恶性案件时有发生。大批被骗资金流向境外，严重危害国家的经济安全。目前，全国各地公安机关和相关部门紧密配合，正在严厉打击电信网络诈骗犯罪，遏制电信网络犯罪高发势头。

——选自认清套路，远离"电诈"陷阱，焦点访谈，2021年5月24日

辩论题目：远离电信诈骗，重在自我预防（正）

　　　　　远离电信诈骗，重在法律规范（反）

第三节　知识回顾与运用

一、单选题

1. "奉法者强则国强，奉法者弱则国弱。"体现了（　　　）是现代文明的重要标志，也是当今世界公认的价值追求。

　　A. 民主　　　　　　B. 法治　　　　　　C. 平等　　　　　　D. 自由

2. 法和道德规范、宗教规范、纪律规范等社会规范的主要区别在于（　　　）。

　　A. 法具有约束力　　　　　　　　B. 法由国家强制力保证实施

　　C. 法是成文形式的　　　　　　　D. 法需要全体公民遵守

3. 马克思主义认为，法律是（　　　）意志的体现。

　　A. 人民大众　　　　B. 资产阶级　　　　C. 法治政府　　　　D. 统治阶级

4. 法律运行的起始性和关键性环节是（　　　）。

　　A. 法律执行　　　　B. 法律适用　　　　C. 法律制定　　　　D. 法律遵守

5. 中共十八届四中全会通过的《中共中央关于全面推进依法治国若干重大问题的决定》提出，全面推进依法治国的总目标是（　　　）。

　　A. 建设中国特色社会主义法治体系，建设社会主义法治国家

　　B. 建设中国特色社会主义法治体系，建设社会主义法制国家

　　C. 建设中国特色社会主义法制体系，建设社会主义法制国家

　　D. 建设中国特色社会主义法制体系，建设社会主义法治国家

6. 2020 年 11 月 16 日至 17 日，中央全面依法治国工作会议在北京召开。中共中央总书记、国家主席、中央军委主席习近平出席会议并发表重要讲话。讲话指出，要继续推进法治领域改革，解决好立法、执法、司法、守法等领域的突出矛盾和问题。司法的灵魂和生命是（　　　）。

　　A. 自由平等　　　　　　　　　　　B. 以事实为依据，以法律为准绳

　　C. 严格执法　　　　　　　　　　　D. 公平正义

7. 习近平总书记曾引用过英国哲学家培根的一段话："一次不公正的审判，其恶果甚至超过十次犯罪，因为犯罪虽是无视法律——好比污染了水流，而不公正的审判则毁坏法律——好比污染了水源。"这说明公正司法是（　　　）。

　　A. 维护社会公平正义的决定因素　　　B. 社会公正的最终目标

　　C. 维护社会公平正义的最后一道防线　D. 社会公正的唯一标准

8. "天下之事，不难于立法，而难于法之必行。"说明法律的生命力在于（　　　）。

　　A. 立法　　　　　B. 实施　　　　　C. 执法　　　　　D. 运行

9. 法律必须被（　　　），否则形同虚设。

　　A. 制定　　　　　B. 执行　　　　　C. 信仰　　　　　D. 宣传

10. 我国法律文化有悠久的历史和传承。据《说文解字》阐释，汉语中"法"的古体是"灋"，"灋，刑也，平之如水，从水；廌，所以触不直者去之，从去。"在古代，"法"主要表现在"刑"或"刑律"，"刑"既有刑戮，罪罚之意，也有规范之意；"廌"也称"獬豸"，是神话中的独角兽，它公正不阿，善断是非曲直。上述材料表明（　　　）。

　　①公平、公正是人们一直追求的

　　②公平、公正作为一种价值追求是有渊源的

　　③公平、公正是"灋"的化身

　　④中国的神话神兽都是捏造的

　　A.①②　　　　　　　B.②③　　　　　　　C.③④　　　　　　　D.①④

11. 法律的重要使命就是充分尊重和保障人权，人权的法律保障包括宪法保障、立法保障、行政保障和司法保障。其中，行政保障是（　　　）。

　　A. 人权保障的前提和基础　　　　　　B. 人权保障的重要条件

　　C. 人权保障的关键环节　　　　　　　D. 人权保障的最后防线

12. 中共十八届四中全会通过的《中共中央关于全面推进依法治国若干重大问题的决定》提出，将每年的（　　　）定为国家宪法日。

　　A.12 月 1 日　　　　B.12 月 20 日　　　　C.12 月 4 日　　　　D.12 月 8 日

13. （　　　）是中国特色社会主义最本质的特征，是社会主义法治最根本的保证。

　　A. 中国特色社会主义　　　　　　　　B. 中国特色社会主义法治理论

　　C. 依法治国　　　　　　　　　　　　D. 党的领导

14. 新冠肺炎期间，成都对本地 3 名新增确诊病例的活动轨迹进行公布。其中，20 岁女生赵某因活动轨迹较为复杂而遭到网友人肉搜索，有网友将其身份证、活动轨迹等信息公之于众，网友的人肉搜索行为侵犯了公民的（　　　）。

　　A. 肖像权　　　　　　　　　　　　　B. 言论自由权

　　C. 隐私权　　　　　　　　　　　　　D. 住宅不受侵犯的权利

15. 公民应履行的基本法律义务不包括（　　　）。

　　A. 依法服兵役和依法纳税

　　B. 维护国家统一和民族团结

　　C. 遵守宪法和法律，维护祖国安全、荣誉和利益

　　D. 支持各级政府的主张和行为

16. 新生效的《中华人民共和国民法典》规定：自然人的个人信息受法律保护。任何组织或者个人需要获取他人个人信息的，应当依法取得并确保信息安全，不得非法收集、使用、加工、传输他人个人信息，不得非法买卖、提供或者公开他人个人信息。这一条款的确立旨在（　　　）。

　　①保护公民合法权益　　　　　　　　②实现公民政治权利

　　③维护社会秩序　　　　　　　　　　④促进司法公正

　　A.①③　　　　　　　B.②③　　　　　　　C.③④　　　　　　　D.①④

17. 在《中华人民共和国民法典》中，有一个格外醒目的"人"字——人格权首次独立成编，这被称为《民法典》编纂最大的创新和亮点之一。人格权独立成编的价值在于（　　　）。

　　①有利于更好地尊重和保障人权　　　②是人民当家作主的根本制度保障

③彰显了人民民主的真实性 ④扩大了我国公民的权利和自由

A.①② B.①③ C.②④ D.③④

18. 我国宪法规定，公民的人格尊严不受侵犯、住宅不受侵犯、通信自由和通信秘密受法律保护。以上权利属于我国公民基本权利中的（ ）。

A. 宗教信仰自由 B. 政治权利和自由

C. 人身自由 D. 社会经济权利

19. 根据我国宪法关于公民基本权利的规定，下列（ ）是正确的？

A. 我国公民在年老、疾病或者遭受自然灾害时有获得物质帮助的权利

B. 我国公民被剥夺政治权利的，其出版自由也被剥夺

C. 我国公民有信仰宗教与公开传教的自由

D. 我国公民有任意休息的权利

20. 十三届全国人大常委会通过新修订的香港基本法附件一和附件二，完善香港选举制度，确保"爱国者治港"。以下说法不正确的是（ ）。

A. 科学立法为社会稳定提供保障 B. 国家安全是人民幸福安康的前提

C. 公正司法是推进依法治国的要求 D. "一国两制"实践在香港行稳致远

二、多选题

1. 新冠病毒疫情防控期间，维护好社会公共秩序尤为重要。维护社会公共秩序的基本手段有（ ）。

A. 礼仪 B. 法律 C. 道德 D. 习俗

2. 我国在建设社会主义法治国家的道路上不断探索，继 2011 年宣布中国特色社会主义法律体系已经形成后，2014 年又提出"建设中国特色社会主义法治体系的目标"。从法律体系到法治体系的变化体现在（ ）。

A. 法治体系不仅有法律规范体系，还包括法治实施体系、法治监督体系、法治保障体系和党内法规体系

B. 法治体系强调科学立法、严格执法、公正司法、全民守法

C. 法治体系既要有法律的制定，也要保证法律的落实

D. 法治体系不仅仅是静态的法律文本，而且也是动态的法的实现过程

3. 全面依法治国的基本格局是（ ）。

A. 科学立法 B. 严格执法 C. 公正司法 D. 全民守法

4. 权力制约也就是要把权力关进制度的笼子里，它分为（ ）。

A. 权力由法定 B. 有权必有责 C. 用权受监督 D. 违法受追究

5. 监督权是指公民依据宪法法律规定监督国家机关及其工作人员活动的权利。根据《宪法》规定，我国公民的监督权主要包括（　　　）。

　　A. 批评、建议的权利　　　　　　B. 申诉的权利

　　C. 检举的权利　　　　　　　　　D. 控告的权利

6. 我国《宪法》规定公民住宅不受侵犯，下列（　　　）行为侵犯了公民的住宅权？

　　A. 非法侵入公民住宅　　　　　　B. 非法搜查公民住宅

　　C. 非法买卖公民住宅　　　　　　D. 非法出租公民住宅

7. 号称"一人毁一城"的郑州首例境外输入新冠肺炎确诊者郭某鹏，其在新冠疫情期间 7 天赴 4 国旅游，回家后还搭乘地铁，返回公司照常工作，最多可能与 4 万人有密切接触史，因涉嫌妨害传染病防治罪，郭某被法院判处有期徒刑 1 年半。这警示我们，作为公民应（　　　）。

　　A. 坚持权利与义务的统一　　　　B. 自觉遵守我国的宪法和法律

　　C. 敢于行使公民的监督权　　　　D. 维护国家统一和民族团结

8. 法律规定公民有表达权，但权利依然要依法行使，尤其是"自媒体"时代，人人都有"麦克风"，处处都是"直播间"，这支"麦克风"并不是可以随心所欲使用的，应以法律的相关规定为界限，对公民行使法律权利界限的正确理解是（　　　）。

　　A. 权利行使不能超过法律的限度　　B. 权利行使的方式具有唯一性

　　C. 权利行使要有目的的正当性　　　D. 权利行使要遵循程序正当的原则

9. 公共生活中的个人权利与他人权利发生冲突在所难免，比如学生宿舍里有人看书，有人休息，有人听音乐……对解决权利冲突要有正确的认识，虽然每个人都有行使个人权利的自由，但也要尊重他人权利。这是因为（　　　）。

　　A. 不尊重他人权利就有可能失去自己的权利

　　B. 尊重他人权利既是一项法定义务，也是一项道德义务

　　C. 权利实现的内在动力是人们彼此之间的相互尊重

　　D. 尊重他人权利是公民权利意识的重要内容

10. 1763 年，老威廉·皮特在《论英国人个人居家安全的权利》的演讲中说："即使最穷的人，在他的小屋里也能够对抗国王的权威。屋子可能很破旧，屋顶可能摇摇欲坠；风可以吹进这所房子，雨可以淋进这所房子，但是国王不能踏进这所房子，他的千军万马也不敢跨进这件破房子的门槛。"这段话后来被浓缩成"风能进，雨能进，国王不能进"。这表明了权力与权利的关系是（　　　）。

　　A. 权力优先于权利　　　　　　　B. 权力决定权利

　　C. 权力应当以权利为界限　　　　D. 权力必须受到权利的制约

11.2012 年 12 月，习近平总书记出席首都各界纪念现行宪法公布施行三十周年大会并发表重要讲话时强调，要坚定不移地走中国特色社会主义政治发展道路，不断推进社会主义政治制度自我完善和发展，提出要坚持法治（　　）一体建设的重要思想。

  A. 国家　　　　　　B. 政府　　　　　　C. 社会　　　　　　D. 组织

12. 在推进依法治国的建设中，我们要形成完备的（　　）体系，形成完善的党内法规体系，这是法治中国的制度基石。

  A. 法律规范　　　　B. 法治实施　　　　C. 法治监督　　　　D. 法治保障

13. 十八届四中全会提出，要把（　　）原则贯穿立法全过程，完善立法体制机制。

  A. 公正　　　　　　B. 公平　　　　　　C. 公开　　　　　　D. 公信

14. 党的十八届四中全会提出向宪法宣誓，这样做有利于（　　）。

  A. 彰显宪法权威

  B. 增强公职人员宪法观念

  C. 激励公职人员忠于和维护宪法

  D. 在全社会增强宪法意识、树立宪法权威

15. 法律权威是指法律在社会生活中的作用力、影响力和公信力，是法律应有的尊严和生命。法律是否具有权威取决于（　　）。

  A. 法律在实践中的实施程度

  B. 法律本身的科学程度

  C. 法律在国家和社会治理体系中的地位和作用

  D. 法律被国际社会认同和尊崇的程度

三、简答题

1. 联系实际谈谈为什么说我国社会主义法律是党的主张和人民意志的共同体现？

2. 简述法治与德治之间的关系是什么？

3. 有人说宪法规定的大多是一些原则性内容，而且很抽象，司法判决一般也不援引宪法条文，因而宪法是一部与公民生活关系不大、高高在上的"闲法"。你如何看待这一说法？

四、应用题

请结合本章知识学习与实践体验，从教师提供的法治电影（电视剧）清单中选择一部进行观赏，并围绕"作品中体现了怎样的法治精神、如果我是其中的主人公我会如何做、我们可以为法治中国建设做什么"等问题进行思考，撰写报告。

参考答案

一、单选题

1—5：BBDCA　6—10：DCBCA

11—15：CCDCD　16—20：ABCBC

二、多选题

1.BC　2.ABCD　3.ABCD　4.ABCD　5.ABCD

6.AB　7.AB　8.ACD　9.ABCD　10.CD

11.ABC　12.ABCD　13.ABC　14.ABCD　15.ABC

三、简答题

1. 答：我国社会主义法律体现了党的主张和人民意志的统一。我国社会主义法律具有鲜明的阶级性，又具有广泛的人民性，体现了阶级性与人民性的统一。我国是中国共产党领导下的社会主义国家，人民是国家的主人，制定法律的权力属于人民。中国共产党是中国工人阶级的先锋队，同时也是中华人民和中华民族的先锋队，是中国特色社会主义事业的领导核心。社会主义法律维护人民的根本利益，巩固中国共产党的领导地位，体现了党的主张和人民意志的统一。

2. 答：法治和德治是治国理政不可或缺的两种方式，忽视其中任何一个，都难以实现国家的长治久安。只有让法治和德治共同发挥作用，才能使法律与道德相辅相成，法治与德治相得益彰，做到法安天下、德润人心。坚持依法治国和以德治国相结合，既要强化道德对法治的支撑作用，重视道德的教化作用，提高全社会的文明程度，为全面依法治国创造良好环境；又要把道德要求贯彻到法治建设中，以法治承载道德理念。

3. 答：宪法是闲法，这种观点是错误的。首先，宪法是国家的根本大法，是治国安邦的总章程，具有最高法律效力，是一切组织和个人的根本活动准则。其次，宪法是公民权利保障书，它的核心价值就是尊重和保障人的尊严。它以权利清单的方式列举了公民应当享有的最基本、最重要的权利，在 2004 年宪法修正案中增加了"国家尊重和保障人权"条款，同时将"公民的合法的私有财产不受侵犯"写入宪法。所以宪法不是闲法，我们每个人都要增强宪法观念，自觉遵守宪法，维护宪法的尊严。

四、应用题（略）

附录一

全国爱国主义教育示范基地（截至 2021 年）

全国爱国主义教育示范基地

地区	全国爱国主义教育示范基地
北京	天安门广场、中国历史博物馆、中国革命博物馆、中国人民革命军事博物馆、中国人民抗日战争纪念馆、故宫博物院、圆明园遗址公园、八达岭长城、周口店遗址博物馆、李大钊烈士陵园、焦庄户地道战遗址纪念馆、北京自然博物馆、中国航空博物馆、中国科学技术馆、平北抗日战争烈士纪念馆、香山双清别墅、首都博物馆、八宝山革命公墓、国家体育总局训练局荣誉馆、铁道兵纪念馆、中国法院博物馆、中国海关博物馆、中国妇女儿童博物馆、中国华侨历史博物馆、宋庆龄同志故居、北京新文化运动纪念馆、北京正负电子对撞机实验室、中国印刷博物馆、北京李大钊故居、没有共产党就没有新中国纪念馆、中国共产党历史展览馆、中央礼品文物管理中心、中国美术馆、中国电影博物馆、中国邮政邮票展览馆、中国钱币博物馆、中国铁道博物馆正阳门展馆、北京大兴国际机场、中关村国家自主创新示范区展览中心、中核集团中国核工业科技馆（北京）、航天科技空间技术研究院展示中心、长辛店二七纪念馆、"毛泽东号"机车展示室
天津	天津盘山烈士陵园、平津战役纪念馆、周恩来邓颖超纪念馆、天津自然博物馆、天津科学技术馆、大沽炮台遗址、天津博物馆、天津市烈士陵园、天津觉悟社纪念馆、天津电力科技博物馆
河北	乐亭李大钊纪念馆、涉县 129 师司令部旧址、白求恩、柯棣华纪念馆、清苑冉庄地道战遗址、西柏坡中共中央旧址、董存瑞烈士陵园、华北军区烈士陵园、潘家峪惨案纪念馆、中国人民抗日军事政治大学陈列馆、河北省博物馆、唐山抗震纪念馆、城南庄晋察冀军区司令部旧址 、晋冀鲁豫烈士陵园、马本斋纪念馆、潘家戴庄惨案纪念馆、山海关长城博物馆、冀南烈士陵园、热河烈士陵园、沙石峪陈列馆、喜峰口长城抗战遗址、国家电网张北柔性直流电网工程
山西	八路军太行纪念馆（八路军总部旧址）、"百团大战"纪念馆（碑）、刘胡兰纪念馆、黄崖洞革命纪念地、太原解放纪念馆、平型关战役遗址、太行太岳烈士陵园、山西国民师范旧址革命活动纪念馆、麻田八路军总部纪念馆、大同煤矿遇难矿工"万人坑"展览馆（抗日战争期间日军侵华罪行遗址）、徐向前元帅故居、晋绥边区革命纪念馆、娄烦高君宇故居、石楼红军东征纪念馆、平顺西沟展览馆、右玉精神展览馆、五台白求恩纪念馆（白求恩模范病室旧址）
内蒙古	乌兰夫纪念馆、内蒙古博物馆、内蒙古革命烈士陵园、呼和浩特市武川县德胜沟大青山抗日游击根据地旧址、兴安盟内蒙古自治政府纪念地（内蒙古民族解放纪念馆、"五一"会址、乌兰夫办公旧址、内蒙古党委办公旧址、内蒙古自治政府办公旧址）、呼伦贝尔市世界反法西斯战争海拉尔纪念园、包头市王若飞纪念馆、集宁战役纪念馆、草原英雄小姐妹事迹展览馆
辽宁	沈阳"九一八"事变博物馆、旅顺万忠墓纪念馆、辽沈战役纪念馆、抗美援朝纪念馆、抚顺雷锋纪念馆、丹东鸭绿江断桥、沈阳抗美援朝烈士陵园、黑山阻击战烈士陵园、葫芦岛市塔山烈士陵园、关向应故居纪念馆、抚顺战犯管理所旧址陈列馆、平顶山惨案遗址纪念馆、辽宁东北抗联史实陈列馆、旅顺日俄监狱旧址博物馆、赵尚志纪念馆、铁西老工业基地展览馆、阜新万人坑死难矿工纪念馆、辽宁东北抗日义勇军纪念馆、沈阳审判日本战犯法庭旧址陈列馆、鞍钢集团博物馆、航空工业沈飞航空博览园

地区	全国爱国主义教育示范基地
吉林	杨靖宇烈士陵园、四平战役纪念馆暨四平烈士陵园、延边革命烈士陵园、"四保临江"烈士陵、白山抗日纪念地（杨靖宇将军殉国地、那尔轰会师遗址、城墙砬子会议旧址等）、日伪统治时期辽源煤矿死难矿工文物馆、吉林市革命烈士陵园、伪满皇宫博物院暨东北沦陷史陈列馆、白城市烈士陵园、长白山老黑河旧址、中车长客股份公司高速动车组制造中心
黑龙江	东北烈士纪念馆、侵华日军731细菌部队罪证陈列馆、铁人王进喜纪念馆、瑷珲历史陈列馆、哈尔滨烈士陵园、马骏纪念馆、齐齐哈尔西满革命烈士陵园、侵华日军东宁要塞遗址、侵华日军虎头要塞遗址、杨子荣烈士陵园、珍宝岛革命烈士陵园、大庆油田历史陈列馆、齐齐哈尔江桥抗战纪念地、哈军工纪念馆、北大荒开发建设纪念馆、中国一重展览馆
上海	中国共产党第一次全国代表大会会址纪念馆、上海龙华烈士陵园、宋庆龄陵园、上海博物馆、"南京路上好八连"事迹展览馆、海军上海博览馆、陈云故居暨青浦革命历史纪念馆、鲁迅纪念馆、江南造船博物馆、中共"二大"会址纪念馆、团中央机关旧址纪念馆、国歌展示馆、上海浦东开发开放主题展馆、上海光源科学研究平台、上海交通大学钱学森图书馆、中共四大纪念馆
江苏	中山陵、周恩来纪念馆（故居）、新四军纪念馆、侵华日军南京大屠杀遇难同胞纪念馆、雨花台烈士陵园、淮海战役烈士纪念塔（馆）、南京静海寺纪念馆（中英《南京条约》签约旧址）、梅园新村纪念馆、沙家浜革命历史纪念馆、茅山新四军纪念馆、南京博物院、泰兴黄桥革命历史纪念地（新四军黄桥战役革命历史纪念塔、新四军苏北指挥部旧址、新四军第三纵队司令部旧址、粟裕部分骨灰安放处等）、赣榆抗日山烈士陵园、常州"三杰"纪念地（常州"三杰"纪念馆、瞿秋白故居、张太雷故居、恽代英纪念广场）、苏中七战七捷纪念馆、顾炎武纪念馆、中国人民解放军海军诞生地纪念馆、新四军江南指挥部纪念馆、南京云锦博物馆、审计博物馆、扬州博物馆、南京长江大桥、国家超级计算无锡中心、宿北大战纪念馆（含纪念塔）、新安旅行团历史纪念馆、杨根思烈士陵园、王杰烈士陵园、江都水利枢纽、深海技术科学太湖实验室、"开山岛夫妻哨"事迹陈列馆、南通博物苑（张謇纪念馆）
浙江	南湖革命纪念馆、鲁迅故居及纪念馆、镇海口海防遗址、禹陵、河姆渡遗址博物馆、解放一江山岛烈士陵园、鄞州区四明山革命烈士陵园、舟山鸦片战争纪念馆、侵浙日军投降仪式旧址（千人坑遗址）、浙江省博物馆、新四军苏浙军区纪念馆、温州浙南平阳革命根据地旧址群、洞头先锋女子民兵连纪念馆、秦山核电站、浙西南革命根据地纪念馆、良渚博物院、浙江湖州安吉余村、浙江宁波奉化滕头村
安徽	陶行知纪念馆、新四军军部旧址纪念馆及皖南事变烈士陵园、王稼祥纪念园、淮海战役双堆烈士陵园、安徽省博物馆、金寨革命烈士陵园、渡江战役总前委旧址纪念馆、合肥蜀山烈士陵园、皖西烈士陵园、渡江战役纪念馆、淮南市大通万人坑教育馆、王稼祥事迹陈列馆（王稼祥故居）、王家坝闸、国家同步辐射实验室

续表

地区	全国爱国主义教育示范基地
福建	古田会议纪念馆、陈嘉庚生平事迹陈列馆、林则徐纪念馆、郑成功纪念馆、泉州海外交通史博物馆、福建省革命历史纪念馆、毛泽东才溪乡调查纪念馆、长汀县瞿秋白烈士纪念碑、闽侯县"二七"烈士林祥谦陵园、华侨博物院、中国闽台缘博物馆、福州马尾船政文化遗址群、冰心文学馆、建宁县红一方面军领导机关旧址暨反"围剿"纪念馆、闽西革命历史纪念馆、宁化县革命纪念馆、闽北革命历史纪念馆、蔡威事迹展陈馆、谷文昌纪念馆、毛主席率领红军攻克漳州纪念馆（中共福建临时省委旧址）、三明市精神文明建设展览馆、中核集团中国核工业科技馆（福建）
江西	安源路矿工人运动纪念馆、南昌八一起义纪念馆、井冈山革命纪念地（博物馆、烈士陵园、黄洋界、八角楼、会师广场、龙江书院、毛泽东旧居等）、瑞金中央革命根据地纪念馆、秋收起义纪念地（萍乡秋收起义纪念碑、秋收起义铜鼓纪念馆、秋收起义修水纪念馆）、永新三湾改编旧址、兴国革命历史纪念地（纪念馆、烈士陵园）、上饶集中营革命烈士陵园、方志敏纪念馆（烈士陵园、赣东北特委、红十军建军旧址等）、于都革命烈士纪念馆及中央红军长征第一渡纪念碑园、江西革命烈士纪念堂、东固革命根据地旧址群（含东固革命根据地博物馆）、中国工农红军北上抗日先遣队纪念馆（碑）、闽浙皖赣革命根据地旧址群、宁都县中央苏区反"围剿"战争纪念馆、湘鄂赣革命纪念馆、余江血防纪念馆、景德镇市中国陶瓷文化展示基地、会昌县革命历史纪念地、莲花一枝枪纪念馆、罗坊会议纪念馆
山东	孔繁森纪念馆、台儿庄大战纪念馆、中日甲午战争博物馆、孔子故居、华东革命烈士陵园、中国人民解放军海军博物馆、济南革命烈士陵园、莱芜战役纪念馆、山东省博物馆、铁道游击队纪念园、地雷战纪念馆、冀鲁豫边区革命纪念馆、八路军 115 师司令部旧址暨山东省政府成立纪念地、天福山革命遗址、孟良崮战役烈士陵园、鲁西南战役革命纪念地（郓城鲁西南战役指挥部旧址、金乡鲁西南战役纪念馆）、新四军军部旧址暨华东军区、华东野战军诞生地纪念馆、潍县乐道院暨西方侨民集中营旧址、渤海垦区革命纪念馆、大青山胜利突围纪念馆、山东港口青岛港自动化码头科技创新教育基地
河南	林州红旗渠纪念馆、兰考焦裕禄烈士陵园、安阳殷墟博物苑、新县革命纪念地（中共中央鄂豫皖分局、鄂豫皖军委、鄂豫皖苏区首府革命博物馆、鄂豫皖苏区烈士陵园、箭厂河革命旧址等）、杨靖宇将军纪念馆、镇平彭雪枫纪念馆、吉鸿昌将军纪念馆、濮阳单拐革命旧址（中共中央平原分局革命旧址、中共中央北方局革命旧址、冀鲁豫军区纪念馆等）、商丘淮海战役陈官庄烈士陵园、驻马店确山竹沟革命纪念馆（竹沟烈士陵园）、鄂豫皖革命纪念馆、桐柏革命纪念馆、中国文字博物馆、八路军驻洛办事处纪念馆、王大湾会议会址纪念馆、愚公移山精神展览馆、郑州二七纪念馆、刘邓大军渡黄河纪念馆、中国一拖东方红农耕博物馆、三门峡水利枢纽工程、中国中铁装备集团郑州盾构总装车间
湖北	武汉二七纪念馆、武昌中央农民运动讲习所旧址纪念馆、红安黄麻起义和鄂豫皖苏区革命烈士陵园、辛亥革命武昌起义纪念馆、李时珍纪念馆、"八七会议"会址纪念馆、闻一多纪念馆、湖北省博物馆、瞿家湾湘鄂西革命根据地旧址、周老嘴湘鄂西革命根据地纪念馆、红安七里坪革命纪念馆、大悟宣化店中原军区旧址及新四军第五师旧址群、宜城张自忠烈士纪念馆、湘鄂边苏区鹤峰革命烈士陵园、北伐汀泗桥战役遗址纪念馆、龙港革命历史纪念馆和龙港革命旧址、天门陆羽纪念馆、三峡工程、东湖毛泽东故居、十堰市郧阳革命烈士陵园、十堰市郧阳南化塘革命烈士陵园、黄冈革命烈士陵园、中国共产党第五次全国代表大会会址纪念馆、空降兵军史馆、丹江口水利枢纽工程

续表

地区	全国爱国主义教育示范基地
湖南	韶山毛泽东纪念馆（故居）、刘少奇纪念馆、炎帝陵、平江起义纪念馆、湘鄂川黔革命根据地纪念馆、秋收起义文家市会师旧址纪念馆、中共湘区委员会旧址、湘南暴动指挥部旧址、彭德怀纪念馆、湖南省博物馆、芷江受降旧址和纪念馆、任弼时故居和纪念馆、贺龙故居和纪念馆、罗荣桓故居和纪念馆、《三大纪律，六项注意》颁布旧址、屈子祠、雷锋纪念馆、南岳忠烈祠、湘乡东山学校旧址、通道转兵会议旧址和纪念馆、红军标语博物馆和中国工农红军革命活动炎陵纪念馆、厂窖惨案遇难同胞纪念馆、杨开慧故居、林伯渠故居、新民学会旧址、橘子洲头毛泽东青年艺术雕塑、茶陵县工农兵政府旧址、中国工农红军第二方面军长征出发地纪念馆、"半条被子的温暖"专题陈列馆、粟裕故居、段德昌烈士陵园（生平业绩陈列馆、纪念碑）、湖南湘西花垣十八洞村、矮寨大桥
广东	孙中山故居纪念馆、广州起义烈士陵园、鸦片战争博物馆（虎门炮台）、三元里人民抗英斗争纪念馆、毛泽东同志主办农民运动讲习所旧址、叶剑英元帅纪念馆、叶挺纪念馆、海丰红宫红场旧址纪念馆、黄花岗七十二烈士墓园、黄埔军校旧址纪念馆、中共三大会址纪念馆、叶挺独立团团部旧址纪念馆、三河坝战役烈士纪念碑、广州起义纪念馆、港珠澳大桥、东江—深圳供水工程、航空工业 AG600 飞机总装生产线
广西	中国工农红军第七军军部旧址、红军长征突破湘江烈士纪念碑园、龙州县红八军军部旧址（红八军纪念馆）、八路军桂林办事处旧址、百色起义纪念馆、右江工农民主政府旧址、广西烈士陵园、广西民族博物馆、合浦县博物馆、冯子材旧居、韦拔群纪念馆、昆仑关抗日战役纪念地
海南	中国工农红军琼崖纵队改编旧址、琼海市红色娘子军纪念园、母瑞山革命根据地纪念园、张云逸纪念馆、万宁市六连岭烈士陵园、海南解放公园、中国（海南）南海博物馆
四川	邓小平故居、朱德故居暨朱德铜像纪念园、赵一曼纪念馆、黄继光纪念馆、都江堰水利工程、红四方面军指挥部旧址纪念馆、泸定桥革命文物陈列馆、红军四渡赤水太平渡陈列馆、安顺场红军强渡大渡河纪念地、苍溪红军渡纪念馆、万源保卫战战史陈列馆、陈毅故居、川陕革命根据地博物馆暨川陕苏区将帅碑林、红军长征纪念碑碑园、"5·12"汶川地震遗址、遗迹及地震博物馆（"万众一心 众志成城"——抗震救灾主题展览馆、北川县城地震遗址博物馆、汶川地震震中纪念地、汉旺东汽工业遗址纪念地、都江堰虹口深溪沟地震遗迹纪念地）、川陕革命根据地红军烈士陵园、李白纪念馆、彝海结盟纪念地、雅安市红军长征翻越夹金山纪念馆、阿坝州两河口会议旧址、凉山州红军长征过会理纪念馆、广元市木门会议会址纪念馆、南充市阆中红军烈士纪念园、攀枝花中国三线建设博物馆、中国三峡集团金沙江巨型水电站
重庆	重庆歌乐山革命烈士陵园、重庆红岩革命纪念馆、邱少云烈士纪念馆、刘伯承同志纪念馆、聂荣臻元帅陈列馆、赵世炎烈士故居、重庆中国三峡博物馆、杨闇公旧居和陵园、重庆市万州革命烈士陵园、重庆三峡移民纪念馆、刘邓大军挺进大西南司令部旧址、重庆特园民主党派历史陈列馆

续表

地区	全国爱国主义教育示范基地
云南	"一二·一"四烈士墓及"一二·一"纪念馆、扎西会议纪念馆、彝良罗炳辉陈列馆、滇西抗战纪念馆（腾冲国殇墓园）、云南陆军讲武堂旧址、昆明市聂耳纪念馆、红军长征过丽江纪念馆、西双版纳花卉园周总理视察热作所纪念碑、周保中将军纪念馆、迪庆红军长征博物馆、南洋华侨机工回国抗日纪念馆
贵州	遵义会议纪念馆、息烽集中营革命历史纪念馆、王若飞故居、黎平会议会址、娄山关红军战斗遗址、猴场会议会址、周逸群故居、四渡赤水纪念馆、中华苏维埃人民共和国川滇黔省革命委员会旧址、苟坝会议会址、红二与红六军团盘县会议会址、红二与红六军团木黄会师纪念馆、榕江红七军历史陈列馆、中共贵州省工委旧址、六盘水市贵州三线建设博物馆、中国科学院国家天文台 FAST 观测基地、遵义红军山烈士陵园、邓恩铭烈士纪念馆
西藏	山南烈士陵园、江孜抗英遗址、拉萨烈士陵园、西藏博物馆、西藏百万农奴解放纪念馆、昌都市革命历史博物馆、江达县岗托十八军军营旧址、全国援藏展览馆、清政府驻藏大臣衙门旧址陈列馆
陕西	延安革命纪念地（纪念馆、枣园、王家坪、杨家岭、凤凰山、清凉山、四·八烈士陵园等）、西安事变纪念馆、八路军西安办事处纪念馆、陕西历史博物馆、秦始皇兵马俑博物馆、黄帝陵、半坡遗址博物馆、洛川会议纪念馆、榆林杨家沟革命纪念馆、渭南渭华起义纪念馆、铜川陕甘边照金革命根据地纪念馆、马栏革命旧址、川陕革命根据地纪念馆、直罗烈士陵园、刘志丹烈士陵园、子长革命烈士纪念馆、中央红军长征胜利纪念碑、城固县张骞纪念馆、中国石油长庆油田
宁夏	宁夏博物馆、固原六盘山长征纪念馆、盐池县革命烈士纪念园、陕甘宁省豫海县回民自治政府成立大会旧址、西吉县将台堡红军长征会师纪念碑、"三北"防护林工程·中国防沙治沙博物馆、宁夏固原博物馆、中国科学院沙坡头沙漠研究试验站
甘肃	会宁红军会师楼、敦煌莫高窟、嘉峪关、宕昌县哈达铺红军长征纪念馆、八路军驻兰州办事处纪念馆、兰州市烈士陵园、华池县南梁革命纪念馆、高台县烈士陵园、腊子口战役纪念馆、中共中央政治局榜罗会议纪念馆、中共中央西北局岷州会议纪念馆、两当兵变纪念馆、甘肃省博物馆、环县山城堡战役纪念馆、静宁县界石铺红军长征毛泽东旧居纪念馆、迭部俄界会议旧址（次日那毛泽东旧居）、山丹艾黎纪念馆、玉门油田老君庙油矿旧址、甘肃刘家峡水电厂、古浪县八步沙林场、嘉峪关长城博物馆
青海	中国工农红军西路军纪念馆、青海原子城（中国第一个核武器研制基地）、青海乐都柳湾彩陶博物馆、青海藏医药文化博物馆、果洛藏族自治州班玛县红军沟革命遗址、青藏公路建设指挥部旧址（将军楼）、青藏铁路、玉树抗震救灾纪念馆
新疆	乌鲁木齐烈士陵园、新疆维吾尔自治区博物馆、新疆生产建设兵团军垦博物馆、八路军驻新疆办事处纪念馆、伊犁林则徐纪念馆、三五九旅屯垦陈列馆、中国工农红军西路军进疆纪念馆、毛泽民故居、克拉玛依博物馆、库尔班·吐鲁木纪念馆、五家渠市军垦博物馆

附录二
实践教学评分标准构成

F2

"思想道德与法治实践"作为思政理论课实践，是一门独立的课程，需要独立而完整的考核评价体系。本书中每一章结合特定实践活动设计了独立的实践成果评价标准。除此以外，结合整个实践过程，还需要对每位同学的实践参与和实践小结、小组总体的课堂汇报另做评价。

一、实践教学评分总体构成

整体实践情况按 100 分计，具体构成如下。

分数构成	分值	内容构成	备注
实践参与	20	小组成员在实践活动中的过程参与，含分工任务完成情况和对小组总体贡献度情况	可运用问卷星等工具，通过组内匿名互评的方式打分，教师进行整体把握和协调，具体见后文
实践汇报	20	结合成果制作情况，在课堂内做实践汇报，根据汇报情况评分	可运用问卷星等工具，通过组与组之间互评的方式打分，教师进行整体把握和协调，具体见后文
实践成果	40	在实践活动的基础上，结合课堂汇报反馈，形成实践成果，根据最终提交成果评分	教师打分，不同实践方式评价见各章
个人实践小结	20	根据个人实践小结报告评分	教师评价，具体见后文

二、实践参与评分标准

实践教学的评价在关注实践成果的同时，还需要关注学生在实践活动中的表现和过程中的情况，这部分评分建议由组员互评和教师在指导过程中的观察评分构成。评分标准见下。

实践活动参与和贡献（组内）评分标准

评分指标	分值	评分标准
教师评价	20	在实践各环节均能较好完成自己的工作，较好地展现了团队协作精神，关键时刻能够相互"补位"
	20	在实践过程中对课程内容有深刻思考，较好地用实践诠释了课程内容
组内学生互评	15	能够积极地参与小组讨论，并能为小组实践献计献策
	25	能明晰自己在团队中的角色，并按照分工认真完成任务
	20	在整个实践活动中有明显的团队荣誉感，具体表现为积极承担小组未考虑在计划内的额外工作，关注小组内部的协作协调状况
总分		100

三、实践汇报评分标准

评分构成	分值	评分标准
实践内容	35	理论联系实际，能充分体现学以致用、知行合一
展示形式	35	多媒体运用恰当，团队合作展示，形式与实践内容相配，展示方式具有创意和独特性
展示质量	20	语言流畅，声音洪亮，脱稿展示，展示过程结构清晰有条理，能吸引观众，现场氛围好
展示时间	10	10~15 分钟

四、个人实践小结评分标准

评分构成	分值	评分标准
自我认知与任务完成	50	对实践过程中的任务分工和完成情况有清晰的描述，对实践后的感受描述深刻，能体现在实践中的思考，注重学以致用和知行合一
文字组织与表达	20	层次清晰，文字精练，语言流畅
理论水平	20	能提升到一定的理论高度，体现实践中理论的应用
表现形式	10	形式新颖，可以运用多种有效的形式，如图片、媒体报道等

后 记

2021 年 8 月底,《思想道德与法治（2021 年版）》出版。为适应新教材的变化,同时鉴于思政理论课实践教学的重要性,我们在及时深入解读新教材的基础上,立足时代新特点和教改新要求,加班加点写作,在第一时间编写了这本实践教程。

本书由国家"万人计划"教学名师、全国首届思想政治理论课教师影响力人物十大标兵、浙江大学博士生导师马建青教授和第二届全国思政理论课教学展示一等奖获得者、浙江省思政理论课名师工作室主持人、浙江万里学院马克思主义学院副院长孙叶飞副教授共同担任主编。

本书为教育部"全国高校思政课建设项目:全国高校思政课'手拉手'集体备课中心（浙江大学 – 浙江省）"（项目批准号:21SZJS33033511）的成果之一,得到了浙江省"高校思想政治理论课孙叶飞名师工作室"的支持,也是浙江省高等教育"十三五"第二批教学改革项目"ATI 视域下《思想道德修养与法律基础》SPOC 教学模式实践研究"的阶段性成果。

参加本书编写的作者是来自全国各地的具有丰富思政课教学经验的优秀思政课教师,其中,孙叶飞撰写绪论,中国矿业大学（北京）彭红胜、孙叶飞撰写第一章,浙江万里学院吴萍鲜撰写第二章,浙江万里学院俞跃撰写第三章,中国矿业大学（北京）黄芳撰写第四章,浙江工业大学陈晶莹撰写第五章,嘉兴职业技术学院刘莉撰写第六章。全书由主编马建青、孙叶飞修改、补充、统稿和定稿。

本书既可以作为大学生思政理论课实践活动的指导用书,也可以作为"思想道德与法治"课教师组织实践教学的参考书。在本书的撰写过程中,我们引用、参阅了大量的资料,并在书中做了标注,在此对原作者表示衷心的感谢。因编写时间紧迫,编写过程中可能会有疏漏之处,请广大同学、教师对本书提出宝贵意见和建议。

编者

版权声明

根据《中华人民共和国著作权法》的有关规定，特发布如下声明：

1. 本出版物刊登的所有内容（包括但不限于文字、二维码、版式设计等），未经本出版物作者书面授权，任何单位和个人不得以任何形式或任何手段使用。

2. 本出版物在编写过程中引用了相关资料与网络资源，在此向原著作权人表示衷心的感谢！由于诸多因素没能一一联系到原作者，如涉及版权等问题，恳请相关权利人及时与我们联系，以便支付稿酬。（联系电话：010-60206144；邮箱：2033489814@qq.com）